REINHARD FRIELING

Katholisch und Evangelisch

Informationen über den Glauben

(9., überarbeitete und ergänzte Auflage)

V&R

VANDENHOECK & RUPRECHT
IN GÖTTINGEN

BENSHEIMER HEFTE
Herausgegeben vom Evangelischen Bund
Heft 46

Die Deutsche Bibliothek – CIP-Einheitsaufnahme

Ein Titeldatensatz für diese Publikation ist bei
Der Deutschen Bibliothek erhältlich.

© 2006, Vandenhoeck & Ruprecht in Göttingen
1. Aufl. 1973, 9. Aufl. 2007.
Umschlaggestaltung: Jürgen Fischer und Institutskollegium
Herstellung: Ph. Reinheimer GmbH, Darmstadt
ISSN-Nr. 0522-9014
ISBN 978-3-525-87121-8

INHALT

VORWORT

Das vorliegende Heft zieht eine Bilanz: Was eint, was trennt die katholischen und evangelischen Christen heute noch?

Die gemeinsame Basis des christlichen Glaubens erscheint uns heute wesentlicher als alle noch verbleibenden konfessionellen Unterschiede. Wenn in diesem Buch dennoch versucht wird, in allgemeinverständlicher Form auch die konfessionellen Besonderheiten zu beschreiben, so sollen keineswegs alte Streitfragen aufgewärmt werden. Vielmehr soll besseres gegenseitiges Kennenlernen und Verstehen auch zu einer Verständigung zwischen den Kirchen beitragen.

Eine überkonfessionelle „objektive" Sicht des konfessionellen Problems gibt es nicht. Der Leser wird beispielsweise bei der Frage, wie die evangelisch-katholischen Unterschiede zu bewerten sind, spüren, dass der Autor in der evangelischen Kirche verankert ist. Bei der Darstellung der jeweiligen katholischen Position haben mich katholische Freunde beraten. Ich konzentriere mich auf Informationen und verzichte auf Anregungen, wie etwa die evangelischen Christen katholischer oder die katholischen evangelischer werden könnten.

Es wird jeweils der Gesamtzusammenhang einer Lehre skizziert – was nicht bedeutet, jede einzelne Aussage sei konfessionstypisch und weise darum auf einen konfessionellen Unterschied hin. Nach dem gemeinsamen Ausgangspunkt wird jeweils der evangelisch-katholische Unterschied kenntlich gemacht und bewertet. Da es sich um ein höchst kompliziertes Thema handelt, diese Darstellung jedoch nicht den Charakter einer theologisch-wissenschaftlichen Untersuchung tragen soll, musste oft zugespitzt und vergröbernd formuliert werden.

Angesichts der Vielfalt in jeder Kirche ist es gar nicht eindeutig, was „katholisch" und was „evangelisch" ist. Man müsste eigentlich deutlich voneinander unterscheiden: 1. wie der christliche Glaube sich in den geltenden Lehren und Ordnungen der *Kirchen* niederschlägt, 2. wie Gemeinsamkeiten und konfessionelle Gegensätze in der *Volksmeinung* erscheinen, und 3. wie alte Streitfragen unter *Theologen* allmählich an Gewicht

5

verlieren gegenüber neuen Polarisierungen, die quer durch die Konfessionen gehen. Ich kann hier nur Andeutungen machen; insbesondere muss wegen der gebotenen Kürze der Darstellung auf geschichtliche Ausführungen verzichtet werden. Ich beschränke mich auch auf das Beschreiben von Phänomenen und setze mich nicht jedes Mal mit der Frage auseinander, wer recht hat.

In der römisch-katholischen Kirche gelten die Beschlüsse des Zweiten Vatikanischen Konzils (1962 bis 1965) als verbindliche kirchliche Lehre. Ich beziehe mich bei der Darstellung der katholischen Position im allgemeinen auf diese Konzilstexte, deute aber auch die weitergehende Diskussion innerhalb der katholischen Kirche an. In den evangelischen Kirchen werden vielfältige und zum Teil gegensätzliche Meinungen vertreten. Darauf mache ich jeweils aufmerksam, gebe jedoch auch persönliche Stellungnahmen, wo einheitliche Aussagen nicht vorliegen. Im allgemeinen beziehe ich mich auf die Lehren und Ordnungen der evangelischen Landeskirchen in Deutschland.

In der Reihe „Bensheimer Hefte" sind andere Bücher über die Orthodoxen Kirchen (Reinhard Thöle) und die evangelischen Freikirchen (Erich Geldbach) erschienen. Das Verhältnis zu anderen Religionen und Weltanschauungsgemeinschaften ist heute ebenfalls wichtig, aber im Rahmen dieses Bensheimer Heftes ausgeklammert (vgl. dazu: Hans-Martin Barth: Dogmatik. Evangelischer Glaube im Kontext der Weltreligionen. Ein Lehrbuch, Gütersloh [³2001], 882 S.).

Nach acht Auflagen dieses Buches seit 1973 wurde die vorliegende Ausgabe überarbeitet und durch das Einzeichnen der Entwicklung der letzten Jahre ergänzt. Leider verstarb mein Kollege Ernst-Albert Ortmann, der vor allem die erste Auflage mitgestaltete, im Jahre 1980, so dass ich die Änderungen allein verantworte. Ich konnte dankbar etliche Hinweise evangelischer und katholischer Leser/innen berücksichtigen.

Ein besonderer Dank gilt Frau Vikarin Christina Krause für die Mithilfe bei der Überarbeitung und bei den Korrekturen. Die statistischen Angaben stellten freundlicherweise die entsprechenden Ämter der Evangelischen Kirche in Deutschland und der katholischen Deutschen Bischofskonferenz zur Verfügung.

Bensheim, Frühjahr 2007 *Reinhard Frieling*

„WIR HABEN ALLE DENSELBEN GOTT!"

Katholisch oder Evangelisch – eine überholte Frage?

Vielen Zeitgenossen erscheint die Frage „Evangelisch oder Katholisch?" als überholt. Sie fragen: Was ist heute christlich? Katholiken und Protestanten leben in unserem Land eng beieinander. Viele sagen sich: Wir arbeiten zusammen, wir sind gute Nachbarn, wir sind befreundet, wir sind miteinander verheiratet oder verwandt. Wir glauben an denselben Gott. Wir sind zwar in den Kirchen getrennt, aber im Glauben eins! Worüber streiten sich die Konfessionen eigentlich? Ist nicht der entscheidende Konflikt der zwischen Glaube und Unglaube, nicht aber jener zwischen katholisch und evangelisch?

So fragen nicht nur die Ahnungslosen und Gleichgültigen. So fragen auch ökumenisch Engagierte, denen die Konfessionsgrenzen zu eng geworden sind. Sie sehen, wie die Fronten ernster Meinungs- und Glaubenskämpfe nicht einfach zwischen Katholiken und Protestanten verlaufen, sondern quer durch die Konfessionen gehen.

> *Peter Lengsfeld* (früher Professor für ökumenische Theologie an der katholisch-theologischen Fakultät in Münster):
> „Die traditionellen Kontroverslehren, durch die die Konfessionen säuberlich geschieden waren, haben an Bedeutung in der Theologie und an existentiellem Wert für das Leben der Christen erheblich verloren. – Ohne Zweifel lebt freilich jede Konfession noch von und in ihrer Tradition; jede Konfession ist noch von den traditionellen Stellungnahmen zu diesen Lehren geprägt, aber nicht mehr in dem Ausmaß und mit dem kirchentrennenden und Konfessionsgrenzen scheidenden Anspruch, der früher diesen Lehren anhaftete. Ob man es begrüßt oder für bedauerlich hält, dies ist die Situation. Die alten Kontroverslehren haben an Gewicht und Bedeutung verloren. – Neue Gruppierungen und damit neue Grenzen sind entstanden, die das christliche Selbstverständnis sowohl unter Katho-

liken als auch unter Protestanten erheblich mehr bestimmen als jene Kontroverseren." (Ökumenisch handeln – mit halber Kraft? Freiburg 1971, S. 17f.)

Andererseits begegnen im persönlichen wie im gesellschaftlichen Leben unvermeidlich die Auswirkungen der Kirchentrennung: Ob es um die konfessionsverschiedenen Familien geht, ob Bildungsfragen, das Verhältnis von Kirche und Politik oder aktuelle gesellschaftspolitische Themen öffentlich diskutiert werden, oder ob es sich um die Trägerschaft von Kindergärten und sozialen Einrichtungen handelt, stets spielt die *konfessionelle* Haltung eine Rolle, wenn die Kirchen sich zu Wort melden.

Es werden auch noch seltsame Vorurteile weitergeschleppt. Die „Kenntnis" beziehungsweise Unkenntnis mancher Protestanten über die Katholiken erschöpft sich etwa in folgenden Sätzen: „Sie müssen in die Kirche gehen. Sie müssen beichten. Sie beten Maria an. Sie machen Prozessionen. Sie sollen in allem dem Papst gehorchen. Sie wollen alles unter ihrem Einfluss vereinnahmen." Umgekehrt herrschen auch bei Katholiken konfuse Vorstellungen über die Protestanten, die man bis vor kurzem „Ketzer" nannte: „Sie können machen, was sie wollen. Sie brauchen nicht zur Kirche gehen. Sie sind verweltlicht. Protestanten sind lasch." Aber sind entstellende Vorurteile und Missverständnisse wirklich ein ernster Hinderungsgrund für die Einigung zwischen den Konfessionen? Wird es nicht Zeit, dass sich die Kirchen endlich vertragen? Wann kommt eine Vereinigung?

Vereinigung?

Klare Fragen verdienen klare Antworten. Ohne Prophet zu sein, kann man mit Sicherheit voraussehen, dass eine Vereinigung der Kirchen zu einer einheitlichen kirchlichen Institution in absehbarer Zukunft ausgeschlossen ist. So grotesk es klingen mag: Die unterschiedlichen Zielvorstellungen über die Einheit stehen der Einheit der Kirche am schwersten im Wege. Die katholische Kirche tendiert auf eine Einheit im Sinne einer Einheitsinstitution. Die evangelischen Kirchen plädieren mehr für eine Gemeinschaft der Kirchen, für einen Bund oder einen Ökumenischen Rat. Quer durch die Konfessionen bildet sich darüber hinaus eine neue Gruppe, die gar nicht so sehr an der „christlichen" Einheit, der Einheit der Kirche, interessiert ist als vielmehr an der Einheit der Menschheit. Sie fordert die Christen auf, viel energischer als bisher die Probleme der sozialen, rassischen, nationalistischen oder sonstigen Zerrissenheit der Menschheit anzugehen. Die Einheit der Kirche könne dann getrost dem Himmel überlassen bleiben.

Die Fachleute werden noch lange über die Zielvorstellungen debattieren. Angesichts der fortbestehenden Trennung der Kirche ist es die Aufgabe evangelischer und katholischer Christen, gegenseitiges Verstehen und möglicherweise eine Verständigung auch von der Basis her aufzubauen:

Evangelische und katholische Christen sollen aufgeschlossen füreinander sein. Sie sollen sich mit Achtung gegenseitig zuhören und überall, wo es eben geht, gemeinsam handeln.

In der von fast allen Kirchen in Deutschland 2003 feierlich unterzeichneten „Charta Oecumenica" heisst es:

> „Wir verpflichten uns, auf allen Ebenen des kirchlichen Lebens gemeinsam zu handeln, wo die Voraussetzungen dafür gegeben sind und nicht Gründe des Glaubens oder grössere Zweckmässigkeit dem entgegenstehen."

Hier sind zwar noch ökumenische Bremsen eingebaut. Aber im Vergleich zur bestehenden Realität, bei der jede Gemeinsamkeit begründet werden muss, geschieht eine ökumenische Revolution von unten: Das Gemeinsame ist normal – der konfessionelle Alleingang muss begründet werden. Manchem ökumenisch engagierten Christen mag dieser „Gemeinsame Markt" der Christenheit als zuwenig erscheinen. Aber sind nicht kleine, konkrete Schritte zum Frieden besser als phantastische Zukunftsvisionen über den ewigen Frieden? Noch sind viele Vorurteile abzubauen. Erst das schlichte menschliche Miteinander schafft das Vertrauen, das für ein besseres Verstehen und zur Verständigung nötig ist. Ich lenke darum zurück zu der Frage, was denn eigentlich die evangelische und die katholische Kirche eint und unterscheidet. (Zur Charta Oecumenica siehe ausführlicher unten S. 132ff.)

Was wir gemeinsam glauben

Mit der Frage „Haben wir nicht alle denselben Gott?" wird zum Ausdruck gebracht, dass katholische und evangelische Christen eine gemeinsame Basis des Glaubens haben und dass diese Gemeinsamkeit wesentlicher ist als alle noch verbleibenden konfessionellen Unterschiede. Es ist auch gut, sich daran zu erinnern, dass die Kirchen eine Jahrhunderte lange gemeinsame Geschichte haben. Es ist unsinnig, zu sagen, die evangelischen Kirchen seien im 16. Jahrhundert durch die Reformation entstanden, während die römisch-katholische Kirche 2000 Jahre alt sei. Vielmehr wurzelt die konfessionelle Spaltung eben in der umstrittenen Frage, was im biblisch-apostolischen Sinne ursprünglich ist und was im Vergleich dazu spätere Neuerungen und Abweichungen waren und wie diese zu bewerten sind.

Katholische Christen wollen „evangelisch" sein, das heißt dem Evangelium gemäß leben; und „evangelische" Christen wollen „katholisch" sein, das heißt zur einen allgemeinen Kirche gehören. Die Selbstbezeichnungen weisen auf ein gemeinsames Ziel der Kirchen hin. Der Begriff „Protestanten" ist mehrdeutig und wird heute als Sammelbezeichnung für alle evangelischen Kirchen gebraucht. Es geht dabei nicht um „Protest gegen" etwa die römisch-katholische Kirche, sondern um das Eintreten „für" das Evangelium (pro-testari).

Gemeinsam gilt die Bibel als „Heilige Schrift". Hier wie dort gelten die altkirchlichen Bekenntnisse als verbindlicher Ausdruck des christlichen Glaubens. Christen beider Konfessionen beten das Vaterunser. Für den deutschen Sprachraum gibt es gemeinsame Übersetzungen der Bibel und anderer Texte, auch viele ökumenische Lieder im Gesangbuch. So kann den Christen beider Konfessionen der gemeinsame Glaube bewusster werden.

Das Apostolische Glaubensbekenntnis:
Ich glaube an Gott, den Vater, den Allmächtigen, den Schöpfer des Himmels und der Erde, und an Jesus Christus, seinen eingeborenen Sohn, unseren Herrn, empfangen durch den Heiligen Geist, geboren von der Jungfrau Maria, gelitten unter Pontius Pilatus, gekreuzigt, gestorben und begraben, hinabgestiegen in das Reich des Todes, am dritten Tage auferstanden von der Toten, aufgefahren in den Himmel; er sitzt zur

Rechten Gottes, des allmächtigen Vaters; von dort wird er kommen, zu richten die Lebenden und die Toten.

Ich glaube an den Heiligen Geist, die eine heilige katholische/christliche/allgemeine christliche* Kirche, die Gemeinschaft der Heiligen, Vergebung der Sünden, Auferstehung der Toten und das ewige Leben. Amen.

(*Jede Kirche legt die für ihren Bereich geltende deutschsprachige Fassung fest; ursprünglich ist das griechische Wort „katholisch" = allgemein, welches damals keine Konfessionsbezeichnung war.)

Evangelischer wie katholischer Glaube hat seine entscheidende Grundlage in Jesus Christus: Von ihm haben die Christen den Namen, von ihm her verstehen sie sich. In seinem Leben und in seiner Lehre, in seinem Leiden, Sterben und Auferstehen erkennen sie etwas von der Wirklichkeit Gottes, von der sie anders keine wahre Vorstellung haben könnten. So wird Christuserfahrung für sie zur Gotteserfahrung: In Christus haben alle denselben Gott. Durch die Taufe sind katholische und evangelische Christen Glieder des „Leibes Christi", der Kirche.

Evangelische und katholische Christen bekennen sich zur Kirche als einer Gemeinschaft von Menschen, die von Gott zusammengerufen ist und weiterträgt, was sie erfahren und empfangen hat. Sie können gemeinsam beten und Gottesdienste feiern. Gottesliebe spiegelt sich in der Nächstenliebe. Darum wollen Christen für andere Menschen leben, Hilfe bringen, wo Not ist, und Mitverantwortung tragen für das Schicksal der Menschheit.

Gemeinsame Erklärung zur Rechtfertigungslehre
Der Lutherische Weltbund und der Vatikan haben 1999 bei der seit der Reformation umstrittenen „Rechtfertigungslehre" für heute einen Konsens in Grundaussagen formuliert. Umstritten ist noch, ob das katholische Lehramt damit zugleich erklärt, dass die Lehrverurteilungen des Trienter Konzils die heutige evangelische Lehre nicht mehr treffen. Der Grundkonsens ist wichtig, löst aber nicht die darüber hinaus noch bestehenden kirchentrennenden Lehrgegensätze.

„Nr. 15. Es ist unser gemeinsamer Glaube, dass die Rechtfertigung das Werk des dreieinigen Gottes ist. Der Vater hat seinen Sohn zum Heil der Sünder in die Welt gesandt. Die Menschwerdung, der Tod und die Auferstehung Christi sind Grund und Voraussetzung der Rechtfertigung. Daher bedeutet Rechtfertigung, dass Christus selbst unsere Gerechtigkeit ist, derer wir nach dem Willen des Vaters durch den Heiligen Geist teilhaftig werden. Gemeinsam bekennen wir: Allein aus Gnade im Glauben an die Heilstat Christi, nicht aufgrund unseres Verdienstes, werden wir von Gott angenommen und empfangen den Heiligen Geist, der unsere Herzen erneuert und uns befähigt und aufruft zu guten Werken."

Eine gemeinsame Aufgabe eint die katholischen und evangelischen Christen: diese durch Christus erfahrene Gottesliebe und Nächstenliebe allen Menschen zu bezeugen. Angesichts der gemeinsamen Basis des christlichen Glaubens können die in Konfessionen getrennten Christen und ihre Kirchen in vieler Hinsicht diese Aufgabe auch gemeinsam wahrnehmen.

Mit diesem gemeinsamen Glauben sprechen die Kirchen heute nicht mehr anderen Christen nur wegen der verschiedenen Konfessionszugehörigkeit die ewige Seligkeit ab. Salopp formuliert: Mehr als in den Himmel kommen, gibt es nicht.

Darum liegen die konfessionellen Unterscheidungen auf der Ebene der menschlichen und kirchlichen Ausprägungen des gemeinsamen Glaubensfundamentes.

Was wir anders glauben

Oft wird gesagt, die Kirchenspaltung sei eine „Sünde", weil Christus nur eine Kirche gewollt habe. Die in der Reformationszeit entstandene Trennung wird auch als „Missverständnis" gekennzeichnet und auf vielfältige politische und andere nichtkirchliche Faktoren zurückgeführt. Tatsächlich ist nicht zu bezweifeln, dass viel menschliches Versagen zur Trennung beigetragen hat, und dass bis heute nach Jahrhunderte langem Neben- und oft Gegeneinander auch viele gefühlsmäßige und kulturelle Gründe eine evangelisch-katholische Kirchengemeinschaft erschweren. Aber solche Erklärungen helfen allein nicht weiter. Wer nämlich so argumentiert, müsste konkret sagen, welche Handlungsweise sündig ist und worauf die Missverständnisse beruhen, und er müsste zeigen, wie die Sünde vermieden und die Missverständnisse abgebaut werden können. Es gibt Kirchenspaltungen wegen menschlichen Versagens, und es gibt Trennungen, die in einem anderen *Verständnis* des Glaubens begründet sind: wie nämlich das Handeln Gottes und das Handeln der Menschen im Leben der Kirche in rechter Weise in Beziehung zueinander zu setzen und zu unterscheiden sind, beispielsweise bei der Ordnung der Ämter und der Feier der Sakramente.

Zwar bekennen beide Kirchen die absolute Autorität des Wortes Gottes. In beiden Kirchen wird auch auf den Glauben des einzelnen wie auf das Bekenntnis, die Lehre der Kirche, großer Wert gelegt. Doch über der Frage, wie das Wort Gottes vermittelt und aufgenommen wird und welche Autorität der Kirche dabei zukommt, scheint die gemeinsame Basis auseinander zu brechen.

Theologen haben hier von einer „Urspaltung" und von einem „Grunddissens" gesprochen. Das ist missverständlich, weil der „Grundkonsens" im Glauben tiefer reicht als der Dissens über die Vermittlung des Wortes Gottes.

In der *katholischen* Kirche steht der Glaube der Kirche im Mittelpunkt. Glauben heißt Mit-Glauben mit der Kirche. Der einzelne empfängt und bekennt seinen Glauben in der kirchlichen Gemeinschaft, und er hängt in Glaubensgehorsam dem an, was die Kirche durch ihr unfehlbares Lehramt, den Papst als letzte Instanz, als christlichen Glauben verbindlich verkündet. Die Gesamtheit der Gläubigen kann im Glauben nicht irren, da Gott ihr einen „übernatürlichen Glaubenssinn" geschenkt hat (Zweites Vatikanisches Konzil).

In den *evangelischen* Kirchen wird mehr der Glaube des einzelnen betont, der in der kirchlichen Gemeinschaft durch die Verkündigung des Evangeliums und das Hören auf Gott entsteht. Der Eindruck, der evangelische Christ stünde unvermittelt Auge in Auge mit Gott da und Subjektivismus und Individualismus sei das oberste Prinzip evangelischer Freiheit, ist falsch. Aber die lebendige Verkündigung des Evangeliums geht nicht in der kirchlichen Lehre, in Dogmen oder Bekenntnissen auf. Die evangelischen Kirchen erheben keinen Anspruch auf absolute Wahrheit und Autorität. Sie kennen keine irdische Instanz, die aufgrund eines „übernatürlichen Glaubenssinnes" *unfehlbar* für alle Gläubigen und im Namen Gottes sprechen könnte. Dennoch verstehen die meisten evangelischen Kirchen sich gemeinsam als „die evangelische Kirche" im Singular, weil die konfessionell und national unterschiedlich verfassten Kirchen aufgrund des gemeinsamen Verständnisses des Evangeliums „Kirchengemeinschaft" vereinbart haben und sich gegenseitig voll als „Kirche" anerkennen.

13

In der unterschiedlichen Weise, in der Wort Gottes und Kirche, Wort Gottes und Glaube, und schließlich Glaube und Kirche aufeinander bezogen werden, wurzelt der evangelisch/katholische Gegensatz.

Michael Schmaus (katholisch): „Vom Wesen des Christentums reden, heißt vom Wesen der Kirche sprechen."

Gerhard Ebeling (evangelisch): „Fragt man nach dem Wesen des Christentums, so muss man nach dem Wesen des christlichen Glaubens fragen."

Der katholische Holländische Katechismus von 1966, S. 254:

„Vielleicht kann der tiefste Unterschied so beschrieben werden: die katholische Christenheit glaubt stärker, daß das Heil bis in die gewöhnlichen Dinge hinein festgelegt ist: das Brot auf dem Altar, die Stimme einer Versammlung in Rom, die Worte der Vergebung. So sehr wird Gott Mensch, auch in der heutigen Kirche.

Natürlich begegnet ihm in alledem nur, wer ihm gläubig gegenüberstehen will. Doch was sein Angebot angeht, so ist man sicher, dass das Brot der Leib Christi ist, die Absolution die Vergebung, das Wort der allgemeinen Kirche die Wahrheit. Dieser Glaube an Gottes Greifbarkeit hängt mit der Überzeugung zusammen, dass die weltliche Wirklichkeit, der Mensch nicht ausgenommen, letzten Endes gut ist, so gut, dass Gott sich in ihr, trotz all unserer Verdunkelung durch Sünde und Verderbnis, antreffen lassen kann.

Dagegen lebt in der Reformation von Anfang an eine Überzeugung, dass Gott in den Sakramenten und im machtvollen Wort der heutigen Kirche nicht so greifbar zu erreichen ist. Das Heil ist geistlicher. Die irdischen Dinge sind nicht so, dass sie das Heil ganz in sich aufnehmen könnten."

Erwin Fahlbusch (Kirchenkunde der Gegenwart, Stuttgart, 1979, S. 115f) sieht den evangelisch-katholischen Unterschied vor allem darin begründet, dass die römisch-katholische Kirche das Zentrum des christlichen Glaubens und sich selbst von der „Menschwerdung" Gottes her verstehe (= Inkarnation), die in Kreuz und Auferstehung Jesu ihre Bestätigung findet, während in der evangelischen Kirche sich vom Kreuzestod Jesu Christi her erst erschließe, wer Gott für uns ist, Von hier werden die Menschwerdung Gottes und die „Rechtfertigung allein aus Gnaden durch den Glauben" erst verständlich (vgl. die Hochschätzung des Karfreitags in der evangelischen Kirche):

„Die Relation von Gott und Welt verarbeitet die römisch-katholische Theologie in der Lehre von der *Inkarnation*, welche die Einheit der real verschiedenen Wirklichkeiten von Gott und Welt aussagt und die Anwesenheit des Heils in der Welt zu erkennen gibt, und in der *Soziallehre*, welche die Seins- und Sollensprinzipien des Weltverhaltens gemäß der inkarnatorischen Ordnung vorlegt. Die Menschwerdung Gottes in Jesus Christus, unter den Bedingungen menschlicher Gesellschaft vollzogen und durch Kreuz und Auferstehung des Jesus von Nazareth bestätigt und endgültig gemacht, ist die Selbstobjektivation des göttlichen Heilswillens in der Geschichte ... Sie qualifiziert den Menschen und seine Welt und bestimmt damit den Ort des Heils...

Die *reformatorische* Theologie betrachtet die Relation von Gott und Welt nicht als einen inkarnatorisch gegebenen und sakramental vermittelten Sachverhalt, sondern als ein andauerndes personales (Wort-, Verkündigungs-) Geschehen zwischen Gott und Mensch, in dem sich die Welt verkörpert ... Indem der Mensch das Wort Gottes als Gesetz und Evangelium hört und glaubt (d. h. Gottes Forderung und Urteil anerkennt und sich der Verheißung und Gnade anheimgibt), erkennt er in diesem *Glauben*, dass er mitsamt seiner Welt allemal Sünder ist und Gott ihm um Christi willen das Gerecht-sein schenkt (simul iustus et peccator). Dieser Glaube ist eine Stellungnahme des Menschen für Gott und gegen sich selbst; er ist Sündenerkenntnis (Selbsterkenntnis im Licht von Gesetz und Evangelium) und zugleich Gotteserkenntnis.“

Die unterschiedliche Weise, wie Glaube und Kirche aufeinander bezogen werden, hat Folgerungen für alle Bereiche der christlichen Lehre und des kirchlichen Handelns. Sie schafft verschiedene Kirchentypen. Vor allem, was die katholische und die evangelische Kirche jeweils von sich selber glauben, trennt sie voneinander. Oder „glauben“ sie im wesentlichen dasselbe, „denken“ aber anders? Karl Rahner, der grosse katholische Theologe des 20. Jahrhunderts, sprach von einer nötigen „erkenntnistheoretischen Toleranz“.

Die katholische Kirche versteht sich als eine Institution, „die aus menschlichem und göttlichem Element zusammenwächst“, als Sakrament der Welt, durch das diese ihr Heil empfängt.

„Diese Kirche, in dieser Welt als Gesellschaft verfasst und geordnet, ist verwirklicht in der katholischen Kirche, die vom Nachfolger Petri und von den Bischöfen in Gemeinschaft mit ihm geleitet wird. Das schliesst nicht aus, dass ausserhalb ihres Gefüges vielfältige Elemente der Heiligung und der Wahrheit zu finden sind, die als der Kirche Christi eigene Gaben auf die katholische Einheit hindrängen." (Kirchenkonstitution des II. Vatikanum Nr. 8)

Die evangelischen Kirchen betrachten sich „nur" als eine von Gott zusammengerufene, erlöste und geheiligte Gemeinschaft von Menschen, die in Gottesdienst und alltäglichem Leben Gott lobt und weiterträgt, was sie empfangen hat. Während die katholische Kirche sich selbst als engsten Kreis um Christus versteht und die von ihr getrennten Christen und Kirchen wie konzentrische Kreise um sie herum gelagert sieht, kennen die evangelischen Kirchen solche Normen für das Christsein und die Kirchenzugehörigkeit nicht. Im Augsburger Bekenntnis von 1530, einer der grundlegenden Bekenntnisschriften der evangelisch-lutherischen Kirchen, heißt es im 7. Artikel:

> „Es wird auch gelehrt, dass allezeit die eine, heilige, christliche Kirche sein und bleiben muss. Sie ist die Versammlung aller Gläubigen, bei denen das Evangelium rein gepredigt und die heiligen Sakramente dem Evangelium gemäß gereicht werden.
>
> Denn das genügt zur wahren Einheit der christlichen Kirche, dass das Evangelium einmütig im rechten Verständnis verkündigt und die Sakramente dem Wort Gottes gemäß gefeiert werden. Für die wahre Einheit der christlichen Kirche ist es daher nicht nötig, überall die gleichen, von den Menschen eingesetzten kirchlichen Ordnungen einzuhalten – wie Paulus an die Epheser schreibt: ,*Ein* Leib und *ein* Geist, wie ihr auch durch eure Berufung zu *einer* Hoffnung berufen seid; *ein* Herr, *ein* Glaube, *eine* Taufe' (Eph 4,4f)."

Im Glauben eins – in Kirchen getrennt?

Vergleicht man das, was uns eint und was uns trennt, mag mancher katholische und evangelische Christ zu dem Schluss kommen: Wir sind also im Glauben eins, aber in den Kirchen getrennt.

Diese Folgerung ist verständlich, aber auch kurzsichtig und irreführend. Obwohl die gemeinsame Basis des Glaubens wesentlicher ist als die noch verbleibenden konfessionellen Unterschiede, muss doch konkret bei den einzelnen Glaubensfragen geprüft werden, wie breit die gemeinsame Basis ist und wo sie auseinander bricht. Wir haben im Wesentlichen denselben Glauben, aber wir glauben anders, auch bei der Frage, ob die Unterscheidungen wesentliche Glaubensfragen betreffen oder – z. B. beim Kirchen- und Amtsverständnis – sich geschichtlich entwickelt haben. Es ist jeweils zu fragen, ob die Unterscheidungen so schwerwiegend sind, dass sie ein Fortbestehen der Kirchenspaltung rechtfertigen und wie die Konfessionen auf der Basis des Grundkonsenses miteinander umgehen. Bevor Einzelfragen zur Sprache kommen, sei eine kurze Bilanz des bisher Gesagten gezogen.

Viele Katholiken halten den evangelischen Glauben für durchaus legitim. Allerdings genügt er ihnen nicht ganz, weil sie die Kirchlichkeit des Glaubens und die Autorität der Kirche mehr betonen.

Protestanten fällt es umgekehrt schwer, eben dieses „Mehr" des Katholischen anzuerkennen. Sie können den christlichen Glauben nicht so an ein kirchliches System und an ein Lehramt binden, wie es im Katholizismus der Fall ist.

Obwohl die katholische und die evangelische Kirche viel christliche Substanz auf der anderen Seite anerkennen, stellen beide Kirchen fest, dass gegenwärtig noch keine volle Kirchengemeinschaft möglich ist.

GOTT BEGEGNET UNS

Gottes Wort hören und bewahren

Gott redet, indem er handelt. „Nachdem Gott in mancher Gestalt und Weise zu den Vorfahren durch die Propheten gesprochen hatte, sprach er schließlich auch zu uns durch seinen Sohn" (Hebr 1,1). So kann die Bibel kurz sagen: *Jesus Christus* ist das Wort Gottes. „Gottes Wort hören" bedeutet also, auf Jesus Christus hören.

Wie Gott sich durch Jesus Christus geoffenbart hat, erfahren wir durch die *Bibel*. In ihr verbreiten Menschen, die Jesus persönlich gekannt haben oder die ihm zeitlich nahe standen, das „Evangelium", die gute Nachricht von Gottes Liebe. Weil wir anders als durch diese Verkündigung des Evangeliums nichts von Christus, dem Wort Gottes, wissen, nennen wir auch die Bibel selbst abgekürzt „Wort Gottes". Für jeden, der sich glaubend auf das Zeugnis der Bibel einlässt, wird sie zum „Wort Gottes". Darum wird in der katholischen wie in der evangelischen Kirche das Lesen der Bibel empfohlen, sei es einzeln oder bei Bibelarbeiten in Gruppen, in der eigenen Kirche oder bei ökumenischen Versammlungen.

In der *Verkündigung* seines Wortes begegnet uns Gott auch heute. In der Predigt beim Gottesdienst, im Unterricht, bei häuslichen Andachten, beim Lesen der Bibel, im Gespräch oder in der Meditation – immer wenn wir auf das hören, was Gott uns durch Christus sagen will, können wir erfahren, dass ganz menschliche Worte durch Gottes Heiligen Geist uns zum „Wort Gottes" werden.

Nun gibt es aber verschiedene Auslegungen des Wortes Gottes. Wer sagt uns dann „die Wahrheit"? Wer entscheidet, dass unser Glaube richtiger christlicher Glaube ist?

Katholisch

Weil Jesus seinen Anhängern in Aussicht gestellt hat, dass sein Geist sie in alle Wahrheit leiten werde (Joh 16,13), lehrt die katholische Kirche, Gott habe sein Wort der *Kirche* in der Bibel und in der kirchlichen Überlieferung übergeben. Zuständig für die verbindliche Erklärung des Wortes Gottes ist das kirchliche Lehramt, dessen Träger der Papst und die Bischöfe sind.

Eine von Gott „geoffenbarte Wahrheit", die durch das Lehramt klar und endgültig als Gegenstand des kirchlichen Glaubens vorgelegt wird, nennt man „Dogma". Davon zu unterscheiden sind „theologische Lehrmeinungen", welche die Dogmen für die Gegenwart erklären und bei denen es durchaus eine Vielfalt von unterschiedlichen Aussagen geben kann.

> *Zweites Vatikanisches Konzil:* „Die Aufgabe aber, das geschriebene oder überlieferte Wort Gottes verbindlich zu erklären, ist nur dem lebendigen Lehramt der Kirche anvertraut, dessen Vollmacht im Namen Jesu Christi ausgeübt wird. Das Lehramt ist nicht über dem Wort Gottes, sondern dient ihm..." (Offenbarungs-Konstitution Nr. 10)
>
> *Erstes Vatikanisches Konzil 1870* über die „Unfehlbarkeit des Papstes": „Wenn der Papst in höchster Lehrgewalt (ex cathedra) spricht, das heißt, wenn er seines Amtes als Hirt und Lehrer aller Christen waltend in höchster apostolischer Amtsgewalt endgültig entscheidet, eine Lehre über Glauben oder Sitten sei von der ganzen Kirche festzuhalten, so besitzt er aufgrund des göttlichen Beistands, der ihm im heiligen Petrus verheißen ist, jene Unfehlbarkeit, mit der der göttliche Erlöser seine Kirche bei endgültigen Entscheidungen in Glaubens- und Sittenlehren ausgerüstet wissen wollte."
>
> Bisher hat nur ein Papst einmal dieses Dogma angewendet: Pius XII. im Jahre 1950 durch die Verkündigung des Dogmas von der leiblichen Aufnahme Mariens in den Himmel.

Für den katholischen Glauben ist charakteristisch, dass das Wort Gottes durch Dogmen verbindlich erklärt wird und dass der einzelne Gläubige im Glaubensgehorsam dieser Lehre zustimmt. Der Glaube bedeutet sowohl ein persönliches Vertrauen zu Gott, indem der Mensch als ganzer sich Gott in Freiheit überantwortet, als auch verstandesmäßige Zustimmung zur kirchlichen Lehre. Solcher Glaube entsteht durch Gottes Gnade und den Beistand des Heiligen Geistes.

> *Zweites Vatikanisches Konzil:* „Dem offenbarenden Gott ist der ‚Gehorsam des Glaubens' (Röm 16,26; vgl. Röm 1,5; 2 Kor 10,5-6) zu leisten. Darin überantwortet sich der Mensch Gott als ganzer in Freiheit, indem er sich dem offenbarenden

Gott mit Verstand und Willen voll unterwirft und seiner Offenbarung willig zustimmt. Dieser Glaube kann nicht vollzogen werden ohne die zuvorkommende und helfende Gnade Gottes und ohne den inneren Beistand des Heiligen Geistes." (Offenbarungs-Konstitution Nr. 5)

Über das Verhältnis von Glaubensgehorsam gegenüber Gott und kirchlichem Gehorsam gegenüber Papst und Bischöfen gibt es lebhafte innerkatholische Diskussionen. Seit 1989 sollen alle katholischen Amtsträger einen Glaubenseid schwören, in dem folgende Unterscheidungen begegnen:

Gott und einem „unfehlbar" definierten Dogma gegenüber gebührt „Glaubensgehorsam"; eine authentische „definitive" Entscheidung des Papstes nimmt der Amtsträger im Glaubensgehorsam an; und einer „authentischen", noch nicht definitiven Lehraussage unterwirft er sich „mit religiösem Gehorsam des Verstandes und des Willens". Hier zeigt sich ein römischer Trend, den theologischen Pluralismus zu begrenzen. Katholische Theologen plädieren hingegen für mehr Freiheit der Theologie gegenüber dem Lehramt und für den Respekt gegenüber den Gewissensentscheidungen katholischer Christen, die päpstlichen Weisungen nicht folgen.

Evangelisch

Die evangelischen Kirchen betonen, dass die Bibel als Norm für die Verkündigung des Wortes Gottes ausreicht. Sie halten keine menschliche oder kirchliche Instanz für fähig, irrtumsfreie oder unfehlbare Aussagen über den Glauben zu machen. Evangelische Lehre äußert sich vor allem in Predigt und Unterricht, wo die Heilige Schrift ausgelegt wird. Hier begegnet durch das Wirken des Heiligen Geistes das „lebendige" Wort Gottes. Es bewirkt den Glauben des Menschen als persönliches Vertrauen zu Gott, als Gewissheit, dass Gott uns liebt. Die sprachliche Formulierung der Glaubensinhalte wird als „Bekenntnis" und als „Lehre" auch in den evangelischen Kirchen sehr ernst genommen; doch gibt es kein oberstes Lehramt, das unfehlbare Lehrsätze verkündet, welche die evangelischen Christen als Ausdruck „geoffenbarter Wahrheit" für wahr halten müssen. Evangelische Amtsträger/innen verpflichten sich in der Ordination, Gottes Wort gemäß der Hl. Schrift zu verkündigen. Wenn sie dagegen grundsätzlich verstoßen, kann ihnen nach einem „Lehrbeanstandungsverfahren" das Amt entzogen werden (z. B. wenn das biblische Gottes- und Christusbild abgelehnt wird). Beim katholischen

Dreiklang von „Schrift, Überlieferung und Lehramt" wird evangelischerseits befürchtet, der Überlieferung und dem Lehramt werde zu leicht eine größere Autorität zuteil als der Heiligen Schrift, oder der Glaubensgehorsam gegenüber Gott werde zu rasch identifiziert mit dem Gehorsam gegenüber dem päpstlichen und bischöflichen Lehramt. Im Mariendogma und im Dogma von der päpstlichen Unfehlbarkeit sehen Protestanten Beispiele für diese Verlagerung höchster Autorität, denn beide Dogmen gehen über die Bibel hinaus.

Der Satz Jesu, sein Geist werde seine Anhänger in alle Wahrheit leiten (Joh 16,13), begründet die evangelische Zuversicht, dass Gott trotz der menschlichen und kirchlichen Unvollkommenheit und Irrtumsfähigkeit seine Sache durchsetzen wird.

> *Per Erik Persson*, ein schwedischer Lutheraner, bezeichnet den evangelisch-katholischen Unterschied: „Während die Reformatoren das Werk des Heiligen Geistes mit dem verkündigten Wort, mit dem Evangelium selbst verbinden, findet sich in der römisch-katholischen Theologie eine ebenso klare Verbindung zwischen dem Werk des Heiligen Geistes und der Institution, die das Evangelium verkündigt." (Repraesentatio Christi, Göttingen 1966)

Die reformatorischen Bekenntnisschriften und Katechismen sind als zusammenfassende Darstellung der evangelischen Grundüberzeugungen entstanden. Ihre heutige Geltung in den einzelnen evangelischen Kirchen ist unterschiedlich. Für die einen, vor allem viele lutherische Kirchen, gelten sie als verpflichtende Zeugnisse reformatorischen Glaubens. „Verpflichtend" heißt nicht, dass jede Formulierung akzeptiert werden müsste, vielmehr soll die Bibelauslegung im Sinne dieser Bekenntnisschriften betrieben werden. Andere evangelische Kirchen betonen lediglich, bei der Verkündigung seien die Bekenntnisschriften in gebührender Achtung zu halten.

> Von den reformatorischen Bekenntnissen erlangte das Augsburger Bekenntnis von 1530 (lat.: Confessio Augustana = CA) eine hervorragende Bedeutung. Anlässlich des 450. Jubiläums im Jahre 1980 wurde besonders betont, dass es sich hier nicht um eine Gründungsurkunde der evangelischen Kirche handelt, sondern um den Versuch, das Gemeinsame im evangelischen und katholischen Glauben herauszustellen. In der Einführung zur 1978 erschienenen Textausgabe schreibt *Günther Gassmann:*

„Die Lutherischen Kirchen stimmen darin überein und haben immer wieder betont, dass für sie die Heilige Schrift und das in ihr bezeugte Evangelium von Jesus Christus die grundlegende Quelle und Norm der Lehre und des Lebens der Kirche ist. Nur unter dieser Voraussetzung kommt dann auch den reformatorischen Bekenntnissen als einer zutreffenden Auslegung des Wortes Gottes eine Bedeutung für Lehre und Leben der Kirche zu."

Die römisch-katholische Kirche vermutet hier die Wurzel eines typischen protestantischen Subjektivismus, Individualismus und Liberalismus, bei dem letztlich unklar bleibe, was in der Kirche gilt.

Neue Tendenzen

Jede Kirche steht vor der schwierigen Aufgabe, die christliche Botschaft immer wieder für die Gegenwart zu formulieren. Dabei gibt es in jeder Konfession „Konservative", die stark von der Tradition geprägt sind und an ihr festhalten wollen, „Progressive", die ohne Bindung an die Tradition mehr oder weniger radikal neue Wege der Verkündigung suchen, und „Reformer", welche die Tradition ernst nehmen, aber behutsam Neuerungen einführen wollen.

Im Gespräch zwischen den Konfessionen zeigt sich folgende Tendenz: *Die „Konservativen", „Progressiven" und „Reformer" in der katholischen und in der evangelischen Kirche scheinen sich jeweils oft einander näher zu stehen als der anderen Gruppe der eigenen Konfession.*

Peter Lengsfeld, ein katholischer Theologe, sagt, die heutigen Differenzen beim Hören des Wortes Gottes seien innerhalb jeder Konfession „existentiell viel tiefer verwurzelt und für das christliche Selbstverständnis bedeutsamer als die traditionellen Kontroverslehren". Er skizziert folgende Gruppen: „Die neuen Grenzen innerhalb einer jeden Konfession sind gekennzeichnet durch ein geschichtliches Verständnis der Offenbarung bei den einen und ein ungeschichtliches Wahrheitsverständnis bei den anderen. – In beiden Konfessionen gibt es eine große Gruppe von Christen – nennen wir sie die Konservativen –, die nur das als wahr gelten lassen können, was nach Inhalt und Aussageform in allen Zeiten gleich geblieben ist. Für sie ist die Unwandelbarkeit der Aussage ein Zeichen von Wahrheit, auch im Bereich des Glaubens. Für sie ist Offenbarung, biblische und dogmatische Wahrheit und damit jeglicher Glaubensinhalt prinzipiell der Geschichte enthoben. Sie sprechen von der absoluten Ungeschichtlichkeit der Wahrheit. – In beiden Konfessionen gibt es aber auch eine andere große und ständig wachsende Gruppe, für die gerade die geschichtliche Wandlungsfähigkeit der Aussageweise ein Kriterium der Wahrheit ist. Diese Christen beider Konfessionen erfahren und verstehen nur das als wahr, was nicht immer gleich ausgesagt werden muss, sondern der modernen Sprach- und Vorstellungswelt angepasst werden kann, was also übersetzt und neu formuliert werden kann. Biblische Wahrheit und dogmatische Wahrheit, Offenbarungs- und Glaubensinhalt erkennen sie als geschichtlich bedingt und darum der Übersetzung bedürftig." (Ökumenisch handeln – mit halber Kraft? S. 18)

Im gemeinsamen Hören auf Gottes Wort sowie im Gespräch über den Glauben entdecken katholische und evangelische Christen, dass sie unter unterschiedlichen Formulierungen oft dasselbe glauben, und umgekehrt, dass gemeinsame Formeln noch längst nicht garantieren, dass darunter dasselbe verstanden und geglaubt wird. Die Gemeinsame Synode der katholischen Bistümer in der Bundesrepublik Deutschland („Würzburger Synode") erklärte 1975 in ihrem Ökumene-Beschluss, dass aufgrund der Geschichtlichkeit jeder Glaubensaussage „Unterschiede im Verständnis des einen Glaubens unausweislich" seien. Die katholische Kirche verlange von ihren Mitgliedern nicht, dass sie alle Ausprägungen des katholischen Glaubens in gleicher Weise bejahen, noch weniger erwarte sie dies von den anderen Christen. Es müsste sonst ja jeder Christ Theologie studieren, wenn er alle dogmatischen Feinheiten etwa in der Gottes-, Christus- und Marienlehre verstehen und bejahen soll. Hier eröffnet sich ein breites Feld ökumenischer Möglichkeiten, das im Gespräch der Kirchen noch zu bearbeiten ist.

Von großer Bedeutung ist in diesem Zusammenhang die Arbeit der Gemeinsamen Ökumenischen Kommission zwischen der Katholischen Kirche und der Evangelischen Kirche in Deutschland. Sie wurde nach dem Deutschlandbesuch von Papst Johannes Paul II. im Jahre 1980 gebildet und hat die offiziellen gegenseitigen Lehrverurteilungen (über Rechtfertigung, Sakramente und Amt) im 16. Jahrhundert behandelt. Das Ergebnis war die Bitte, die Leitungen der Kirchen sollten „verbindlich aussprechen, dass die Verwerfungen des 16. Jahrhunderts den heutigen Partner nicht treffen, insofern seine

Lehre nicht von dem Irrtum bestimmt ist, den die Verwerfung abwehren wollte" (Lehrverurteilungen – kirchentrennend? Rechtfertigung, Sakramente und Amt im Zeitalter der Reformation und heute, 1986). Die Synoden der evangelischen Landeskirchen haben dieser Bitte lehramtlich verbindlich entsprochen und die Verurteilungen in den reformatorischen Bekenntnisschriften für nicht mehr treffend erklärt, sofern die katholische Kirche die von der Ökumenischen Kommission dargelegte Lehre bestätigt. Das katholische Lehramt hat eine entsprechende Erklärung noch nicht vorgelegt. (Zum Thema „Rechtfertigung" vgl. oben S. 12)

Bedeutsam ist hier die Abkehr von der lange geltenden Methode der Ketzerprozesse, wonach jemand als ganzer Ketzer galt, wenn er einen einzigen Artikel der Glaubenslehre leugnete; er wurde dann exkommuniziert und schlimmstenfalls getötet. Auch das Denken im Schema gegenseitiger Vorhaltungen wie „Hier ist die Fülle, dort sind Defizite" oder „Hier ist genug, dort ist zuviel" ist hier nicht mehr bestimmend. Vielmehr wird jetzt im ökumenischen Dialog gefragt, was der Kern, die „Mitte der Hl. Schrift", sei, und wie sich dazu die verschiedenen theologischen und konfessionellen Meinungen verhalten. Auch das Zweite Vatikanische Konzil hat neben dem alten Denken mit „Fülle und Defiziten" in neuer Weise gefordert, beim ökumenischen Dialog eine „Rangordnung oder Hierarchie der Wahrheiten" innerhalb der Lehre zu beachten, „je nach der verschiedenen Art ihres Zusammenhangs mit dem Fundament des christlichen Glaubens" (Ökumenismus-Dekret Nr. 11). Hier eröffnen sich bisher noch nicht genügend ausgeschöpfte Möglichkeiten interkonfessioneller Verständigungen (vgl. unten das Kapitel „Welche Einheit wollen wir?")

Gott kommt uns nahe im Sakrament

Mit dem Wort „Sakrament" bezeichnete man in vorchristlicher Zeit im römischen Reich eine Handlung, durch welche man sich in einer Sache verpflichtete. Der Diensteid der Soldaten und Beamten war zum Beispiel ein „Sacramentum", eine heilige Sache. In der Christenheit nannte man dann heilige Handlungen der Kirche, von denen man mit Sicherheit glaubte, Gott begegne in ihnen, „Sakrament", sicheres Zeichen für Gottes Nähe.

Die katholische Kirche nennt sich selbst „Sakrament des Heils", „in Christus gleichsam das Sakrament, das heisst Zeichen und Werkzeug für die innigste Vereinigung mit Gott wie für die Einheit der ganzen Menschheit" (Zweites Vatikanisches Konzil, Kirchen-Konstitution Nr. 1). Sieben kirchliche Handlungen heißen seit dem Mittelalter „Sakrament": Taufe, Abendmahl, Firmung, Buße, Priesterweihe, Ehe und Krankensalbung. In der evangelischen Kirche gelten nur Taufe und Abendmahl als Sakramente.

Es geht nicht um die Zahl der Sakramente, vielmehr um die grundsätzliche Frage, ob Gott irdische Dinge verwandelt und überhöht, so dass „Zeichen" oder „Symbole" zum sicheren Ort seiner Anwesenheit werden können.

Katholisch

Die Sakramente sind „Geheimnisse des Glaubens, der aus der Predigt hervorgeht und durch die Predigt genährt wird" (Zweites Vatikanisches Konzil, Priester-Dekret Nr. 4). Die Predigt kann aber so stark von der Person des Predigers bestimmt sein, dass Gott darin verborgen bleibt. Die Sakramente sind dagegen „wirksame Gnadenmittel", die bei rechtem Glauben „kraft des vollzogenen Ritus" den Gläubigen die Gnade Gottes vermitteln. Sie sind nicht nur symbolische Andeutungen, sondern sie bewirken wirklich, was sie andeuten.

„Die Eucharistie *ist* Ernährung durch den Leib Christi; die Taufe ist neue Geburt. Was symbolisch angedeutet wird, wird auch wirklich geschenkt" (Holländischer Katechismus, 287). Darum wird in der katholischen Kirche die Sakramentenspendung als „wirksames Gnadenmittel" höher eingeschätzt als die Wortverkündigung. Es besteht heute ein deutliches Bestreben, die katholische Sakramentenfrömmigkeit zu verinnerlichen: Gläubiges Engagement und aktive Beteiligung der Gemeinden finden sich weit stärker betont als früher.

Holländischer Katechismus, 285f: „Wenn wir den Ort dieser Zeichen im Heilswerk Gottes überdenken, dürfen wir das so zusammenfassen: In Christus wurde Gott sichtbar und berührbar. In der Kirche blieb Christus – und also Gott – sichtbar und berührbar in sieben Zeichen. Sie sind Christi Hände, die uns jetzt ergreifen, und Christi Wort, das jetzt zu uns kommt. Sie sind seine heutige Berührbarkeit … Doch es ist nicht so, als wirke das Sakrament sozusagen automatisch, ohne Rücksicht auf die innere Einstellung des Menschen. Ist auch die Heiligkeit des Spenders nicht von ausschlaggebender Bedeutung, so spielen doch der Glaube und die Herzensbereitschaft des Empfänger eine unentbehrliche Rolle. Der Empfang eines Sakramentes ist eine Begegnung mit dem Herrn, und eine Begegnung kann nicht bloß einseitig sein. Der Herr ist treu, das sagt das Sakrament; aber er kann uns nicht begegnen ohne uns."

Evangelisch

Nach evangelischem Verständnis handelt Gott in den Sakramenten zwar auf andere, nicht aber auf wirksamere Weise als in der Predigt. Beides sind Verkündigungsformen, in denen Gottes Gnade zugesprochen und im Glauben angenommen wird. „Kraft des vollzogenen Ritus" vermitteln die Sakramente jedoch nicht die göttliche Gnade. Gott verwandelt nach evangelischer Auffassung auch nicht die irdische Materie: Das Brot beim Abendmahl bleibt als „Zeichen" und „Symbol" Brot, der Wein bleibt Wein, und das Taufwasser ist ganz normales Wasser. Unter diesen Zeichen kann der Christ jedoch in Verbindung mit dem verkündigten Wort Gottes begreifen, dass Gott nicht nur in unseren gläubigen Gedanken gegenwärtig ist, sondern den ganzen Menschen mit Geist, Seele und Leib ergreifen will.

Als sichtbare Zeichen für die Gottesbegegnung, gewissermaßen als „sichtbares Wort Gottes", bezeichnen die evangelischen Kirchen nur Taufe und Abendmahl als „Sakramente". Andere kirchliche Handlungen sind deshalb nicht belanglos, sie sind jedoch nicht in gleicher Weise Zeichen für die Gegenwart Gottes.

Weil in den evangelischen Kirchen die Verkündigung des Wortes Gottes, in der katholischen Kirche aber die Sakramente im Mittelpunkt des kirchlichen Lebens stehen, hat man früher die evangelische Kirche als „Kirche des Wortes" und die katholische als „Kirche des Sakraments" bezeichnet. Das trifft so nicht zu. Denn auch die katholische Kirche versteht die Sakramente vom Wort Gottes her, und die evangelischen Kirchen wollen nicht nur geistig-abstrakt das Wort Gottes verkündigen, sondern sie bekennen, dass Sakramente als Zeichen hilfreich sind, das Wort Gottes richtig zu verstehen.

Katholiken fragen die Protestanten, ob nicht die starke Betonung des „Wortes" den Menschen einseitig zu ständigen Gewissensentscheidungen nötigt und ob es nicht versäumt wird, ihm ein Gefühl der Geborgenheit, eine religiöse Heimat zu geben.

Umgekehrt befürchten viele Protestanten, dass die ausgeprägte sakramentale Frömmigkeit in der katholischen Kirche zu einer Glaubenssicherheit führen kann, bei der die Christen im beruhigenden Gefühl der Nähe Gottes unter sich bleiben und im Kult leicht Gottes Wort für die Welt überhören.

Diese gegenseitigen Fragen werden heute freilich auch innerhalb jeder Kirche diskutiert. Die unterschiedlichen Akzente an sich müssen kein kirchentrennender Gegensatz sein.

Wir gehen zum Abendmahl

Äußerlichkeiten fallen zuerst auf: in der katholischen Kirche das geheimnisvolle Geschehen am Altar, in den evangelischen Kirchen (mit einem Gefälle von den Lutheranern zu den Reformierten) die Schlichtheit der Feier. In den evangelischen Kirchen bekommt jeder Teilnehmer am Abendmahl ein Stück Brot (Oblate) zu essen und einen Schluck Wein zu trinken. In der katholischen Kirche wird meistens nur das Brot ausgeteilt, während der Priester stellvertretend für die Gemeinde den Wein trinkt. Die Ehrfurcht vor dem heiligen Blut sowie die Scheu, es könnte ein Tropfen verschüttet werden, hatten im Mittelalter (hier und da neben hygienischen Gründen) zu dieser Sitte geführt. Die katholische Kirche meint, auch in der Gestalt des Brotes sei Christus ganz gegenwärtig, so dass es genüge, Brot auszuteilen. In der Reformationszeit entstand über diese Ansicht heftiger Streit. Luther forderte Gehorsam gegenüber den Einsetzungsworten Jesu: „Trinket alle daraus." Seit dem Zweiten Vatikanischen Konzil wird es auch in der katholischen Kirche üblich, zumindest im kleinen Kreise, etwa bei Trauungen, unter beiderlei Gestalt zu kommunizieren. Wichtiger aber erscheint die Grundsatzfrage, was das Abendmahl überhaupt für die Kirche bedeutet.

Katholische und evangelische
Christen bekennen gemeinsam:

– Das Abendmahl wird als Gedächtnis des Todes und der Auferstehung Jesu Christi gefeiert.
– Jesus Christus ist hier wirklich gegenwärtig.
– Brot und Wein sind Zeichen für Leib und Blut Jesu, der in seinem Tod am Kreuz die grenzenlose Liebe Gottes offenbarte.
– Durch den Heiligen Geist geschieht beim Abendmahl Gemeinschaft mit Gott, Vergebung der Sünden; es wird Gemeinschaft untereinander aufgebaut, das heißt Kirche (Gemeinschaft = Kommunion).
– Gott wird verherrlicht: der Lobpreis und die „Danksagung" (= Eucharistie) sind wesentliche Bestandteile der Abendmahlsfeier.
– Verantwortung vor Gott im alltäglichen Leben sowie die Pflege christlicher Gemeinschaft in Fürbitte und Nächstenliebe gehören eng mit dem Lobpreis Gottes zusammen.
– Das künftige Reich Gottes wird verkündigt, und Christen haben beim Abendmahl schon jetzt daran Anteil.

Im Lichte dieser gemeinsamen Basis des Abendmahlsglaubens sehen katholische und evangelische Christen heute die alten konfessionellen Gegensätze bei den Lehren von der „Wandlung", vom „Opfer" und von der „Rolle des Priesters" in einem neuen Licht. Vor allem die sogenannte Lima-Erklärung des Ökumenischen Rates der Kirchen ist hierfür wichtig. Eine volle Lehrübereinkunft ist freilich noch nicht in Sicht.

Gegenwart Christi

Umstritten ist die Art der Gegenwart Christi im Abendmahl. Die katholische Kirche lehrt, dass Brot und Wein in Leib und Blut Christi gewandelt werden, wenn der Priester die Wandlungsworte spricht. Die Gegenwart Christi wird gleichsam in die Elemente lokalisiert, in denen Christus auch nach der Feier gegenwärtig bleibt, so dass die Gläubigen angeleitet sind, „diesem heiligsten Sakrament bei der Verehrung die Huldigung der Anbetung zu erweisen, die man dem wahren Gott schuldet" (Konzil von Trient).

Der Holländische Katechismus drückt das so aus: Brot und Wein sind die Zeichen, die Christi Anwesenheit symbolisch andeuten. Zugleich gilt aber: „Was symbolisch angedeutet wird, wird auch wirklich geschenkt", nämlich die leibhaftige Anwesenheit Christi.

In den evangelischen Kirchen gibt es keine einhellige Meinung über das „Wie" der Gegenwart Christi. Nach lutherischer Lehre ist Christus „in, mit und unter" den Zeichen von Brot und Wein gegenwärtig; die Reformierten betonen die Gegenwart Christi in der Verkündigung des Evangeliums, während ihr Bezug zu den Symbolen Brot und Wein begrifflich nicht festgelegt ist. Die katholische Wandlungslehre wird einmütig abgelehnt, weil Brot und Wein in ihrer Substanz Brot und Wein bleiben; nur in Verbindung mit der Verkündigung des Wortes Gottes werden sie zu Zeichen oder Symbolen für Leib und Blut Christi.

> Die unterschiedliche Abendmahlslehre bildete einen der entscheidenden Gründe für die Spaltung der reformatorischen Bewegung in einen lutherischen und einen reformierten Flügel. Erst in jüngster Zeit gelangte die Mehrheit der reformatorischen Kirchen Europas zu einer gemeinsamen Aussage. In der „Leuenberger Konkordie" (Lehrübereinkunft von 1973) heißt es über das Abendmahl:
>
> „Im Abendmahl schenkt sich der auferstandene Jesus Christus in seinem für alle dahingegebenen Leib und Blut durch sein verheißendes Wort mit Brot und Wein. Er gewährt uns dadurch Vergebung der Sünden und befreit uns zu einem neuen Leben aus Glauben. Er lässt uns neu erfahren, dass wir Glieder an seinem Leibe sind. Er stärkt uns zum Dienst an den Menschen.
>
> Wenn wir das Abendmahl feiern, verkündigen wir den Tod Christi, durch den Gott die Welt mit sich selbst versöhnt hat. Wir bekennen die Gegenwart des auferstandenen Herrn unter uns. In der Freude darüber, dass der Herr zu uns gekommen ist, warten wir auf seine Zukunft in Herrlichkeit."

Im evangelisch-katholischen Dialog legte die Gemeinsame römisch-katholische/evangelisch-lutherische Kommission (zwischen Luth. Weltbund und Vatikanischem Einheitssekretariat) 1980 die Studie „Das Herrenmahl" vor. Hier werden die Unterschiede in den theologischen Aussagen über die Weise der Gegenwart Christi und hinsichtlich ihrer Dauer in Brot und Wein beschrieben und so bewertet (Nr. 51, S. 33):

„Die ökumenische Diskussion hat gezeigt, dass diese beiden Positionen nicht mehr als kirchentrennende Gegensätze betrachtet werden müssen."

Messopfer

Katholische Christen nennen das Abendmahl „Messopfer" oder „Eucharistie" (Danksagung). Die Kirche vergegenwärtigt im Heiligen Geist den Opfertod Jesu am Kreuz und bringt Gott dar, was sie von ihm empfangen hat, den Leib Christi. In der Messe begegnen dafür folgende Formulierungen: „Wir bringen dir das Brot des Lebens und den Kelch des Heiles dar." Oder: „Wir bringen dir seinen Leib und sein Blut dar, das Opfer, das dir wohlgefällt und der ganzen Welt zum Heile dient."

Nach evangelischem Verständnis geht es beim Abendmahl zunächst nicht darum, dass der Mensch Gott etwas darbringt. Die Verkündigung des Todes Christi und somit der Zuspruch der Sündenvergebung stehen anstelle des katholischen Opfer- und Eucharistiegedankens im Vordergrund. Die sakramentalen Elemente Brot und Wein werden nicht als Sühnopfer dargebracht, sondern an die Gemeinde ausgeteilt und von ihr im Glauben empfangen.

Die Reformatoren verurteilten das mittelalterliche Verständnis der Eucharistie als unblutige Wiederholung des Opfers Christi und als „Sühnopfer", weil dies eine Beeinträchtigung des einmaligen Opfers Jesu am Kreuz von Golgatha sei. Für Luther war das „Wir bringen dar" nach der Wandlung Anlass, von Gotteslästerung zu sprechen. Auch im reformierten Heidelberger Katechismus finden wir ein hartes Urteil mit den Worten: „vermaledeite Abgötterei". Die reformierten Kirchen in Deutschland haben freilich ihren Katechismus an dieser Stelle mit einer für die heutige Zeit einschränkenden Anmerkung versehen.

In den evangelischen Gottesdienstordnungen wurde die „Darbringung" ersatzlos gestrichen, es werden auch keine Abendmahlsfeiern als Sühnopfer für Lebende und Verstorbene gehalten. Vom „eucharistischen Opfer" war bei den Reformatoren nur im Sinne eines „Dank- und Lobopfers" die Rede: dieses Opfer äußert sich im Gebet und Loblied, in Anrufung und Bekenntnis Gottes, im Leiden und in allen guten Werken der Gläubigen (vgl. Melanchthons Apologie des Augsburger Bekenntnisses, Art. 24).

Die katholische Kirche erklärt hierzu, dass das Messopfer der Kirche keinesfalls der Einmaligkeit des Opfers Christi abträglich sei. Es handle sich nicht um eine unblutige Wiederholung des Kreuzesopfers, sondern um seine Vergegenwärtigung durch den Heiligen Geist. Handelndes Subjekt sei Gott. Kraft der Gemeinschaft zwischen Christus und der Kirche, die in der Bibel bildlich auch „Leib Christi" genannt werde, opfere die eucharistische Gemeinde Christus. Sie gebe in der Kraft des Heiligen Geistes ihre Zustimmung, selber durch Christus dem Vater dargebracht zu werden. Der Blick richte sich beim Opfer also nicht allein auf die Elemente Brot und Wein, sondern auf die Gemeinde, die sich selbst darbringe als lebendiges Opfer, das sich auch im ganzen täglichen Leben aussprechen müsse. Das Messopfer werde darum „Eucharistie", Danksagung, genannt.

> *Katholische Deutsche Bischofskonferenz:* „Das Abendmahlshandeln Christi ist also von dem Kreuzestod nicht ablösbar; es enthält diesen und stellt ihn sakramental dar. Darum hat die heilige Messe auch Opfercharakter in dem vollen Sinn des Kreuzesopfers, welches sakramental, im Zeichen und geheimnisvoll, dargestellt und gegenwärtig wird. Der wahre und spezifische Opfercharakter der heiligen Messe darf nicht unterschlagen werden.
>
> Die rechte Teilnahme am heiligen Opfer, welches die Kirche mit Christus darbringt und in welchem sie selbst dargebracht wird, ist die Vereinigung mit der Hingabe Christi an den himmlischen Vater. Sie erfordert daher, dass wir uns mit Christus in hochherziger Selbsthingabe ganz der göttlichen Majestät zu eigen geben." (Lehrschreiben von 1967)

Etliche evangelische Theologen sagen hierzu: Wenn man diese Intentionen der katholischen Opferlehre im Gesamtzusammenhang der Lehre von Christus und von der Kirche bedenke, so könne man nicht mehr pauschal die alten Verdammungen nachsprechen. Protestanten und Katholiken seien in dieser Frage nicht mehr eindeutig und unüberbrückbar im Glauben geschieden. Allerdings sprechen auch viele Protestanten die alten Bedenken aus, Wort Gottes und Antwort des Menschen würden hier nicht richtig unterschieden, die Sündenvergebung werde in falscher Weise mit der menschlichen

Hingabe an Gott verbunden, Christus und Kirche würden identifiziert.

Immerhin bekennen heute Protestanten und Katholiken gemeinsam die Einmaligkeit der Erlösungstat Christi. Hier liegt eine Gemeinsamkeit im Glauben vor, hinter der nach Meinung vieler Christen in beiden Kirchen die weiteren theologischen Differenzierungen über das Handeln Gottes und das Tun der Kirche zurücktreten. Gemäß der Studie „Lehrverurteilungen – kirchentrennend?" (LV) von 1985 haben die evangelischen Landeskirchen 1994 verbindlich erklärt, dass die hier gemachten katholischen Aussagen nicht von den reformatorischen Verurteilungen betroffen seien.

> „Die klare Aussage, dass das Kreuzesopfer Christi im *Abendmahl* ‚weder fortgesetzt noch wiederholt, noch ersetzt, noch ergänzt werden' kann (LV 90,10), findet unsere volle Zustimmung. Christus ist gegenwärtig als der für uns Gestorbene und Auferstandene, und in seiner Person ist seine Geschichte von der Inkarnation an gegenwärtig.
>
> Eine *Messe*, die nicht als Ergänzung des einmaligen Opfertodes Jesu Christi verstanden wird (LV 90,10-12), die nicht zur Anbetung der Abendmahlselemente führt (LV 110,12-16), die nicht als Sühne für die Toten gilt (LV 119,29-32) und deren Zentrum das Mahl der Gemeinde ist, in dem Christus sich selbst gibt (LV 109,27f; 122,36), wird von den Urteilen der Schmalkaldischen Artikel (BSLK, S. 416,8f und S. 419,14-18: ‚Also sind und bleiben wir ewiglich geschieden und widereinander …') und des Heidelberger Katechismus (Frage 80: ‚Vermaledeite Abgötterei') nicht getroffen. In einer so verstandenen Eucharistiefeier erkennen evangelische Christen das Mahl des Herrn wieder." (Materialdienst des Konfessionskundlichen Instituts 46, 1995, S. 40)

Ein ähnliches Urteil der katholischen Kirche über das evangelische Abendmahl steht noch aus; hier spielt neben dem Opfercharakter der Eucharistie die Weihevollmacht des Priesters eine wesentliche Rolle.

Geweihte Priester

Die katholische Kirche lehrt, dass für die Eucharistiefeier ein geweihter Priester unentbehrlich sei. Da evangelische Pfarrer und Pfarrerinnen keine gültig geweihten Priester sind, ist nach amtlicher katholischer Auffassung das evangelische

Abendmahl „ungültig". Bei den Protestanten sei zwar auch Wichtiges für den Glauben zu finden – aber eben nicht eine richtige Eucharistiefeier mit gewandeltem Brot und Wein.

> *Zweites Vatikanisches Konzil:* „Obgleich bei den von uns getrennten kirchlichen Gemeinschaften die aus der Taufe hervorgehende volle Einheit mit uns fehlt und obgleich sie nach unserem Glauben vor allem wegen des Fehlens des Weihesakramentes die ursprüngliche und vollständige Wesenheit (substantia) des eucharistischen Mysteriums nicht bewahrt haben, bekennen sie doch bei der Gedächtnisfeier des Todes und der Auferstehung des Herrn im heiligen Abendmahl, dass hier die lebendige Gemeinschaft mit Christus bezeichnet werde, und sie erwarten seine glorreiche Wiederkunft." (Ökumenismus-Dekret Nr. 22)

In den evangelischen Kirchen wird der Frage, wer das Abendmahl austeilt, keine grundsätzliche Bedeutung beigemessen. Die Kirchenordnungen regeln, dass im allgemeinen ein Pfarrer oder eine Pfarrerin die Feier leiten soll.

> *Augsburger Bekenntnis, Art. 14:* „Vom kirchlichen Amt wird gelehrt, dass niemand in der Kirche öffentlich lehren oder predigen oder die Sakramente reichen soll, der nicht dazu ordnungsgemäß berufen ist."

Obwohl also die kirchliche Praxis äußerlich gleichartig ist, indem ordinierte Amtsträger die Abendmahlsfeier leiten, scheitert ein gemeinsames Abendmahlsverständnis an der unterschiedlichen Lehre von Amt und Weihesakrament. (Zur Frage des Amtes vgl. unten das Kapitel „Allgemeines und besonderes Priestertum".)

Abendmahlsgemeinschaft

Eine volle evangelisch-katholische Abendmahlsgemeinschaft ist aus mehreren Gründen noch nicht möglich. Weithin sind die Leitungen beider Kirchen der Meinung, zuerst müsse eine Übereinstimmung in der Lehre und im kirchlichen Amt erreicht werden. Die Abendmahlsgemeinschaft steht dann am Ende eines noch langen Weges zur Einheit der Kirche. Die katholische Kirche macht von diesem Grundsatz nur in besonderen Notfällen eine Ausnahme, wenn etwa bei Todesgefahr ein evangelischer Christ die katholische Eucharistie begehrt.

Viele Christen in beiden Kirchen und die evangelischen Kirchenleitungen meinen dagegen, die Gemeinschaft dürfe nicht durch kirchliche Ordnungen behindert werden; zum Abendmahl lade Christus selbst ein, nicht eine Konfession. Die Einzelfragen über die Wandlungs-, Opfer- und Ämterlehre seien für Laien unverständlich. Wo die Gegenwart Christi geglaubt werde, sei die evangelisch-katholische Abendmahlsgemeinschaft ein guter Anfang für die Erneuerung der Kirchen und die Einigung der Christen. Vor allem für konfessionsverschiedene Familien und interkonfessionelle Gruppen wird oft die freie Zulassung zum Abendmahl, die „offene Kommunion", gefordert und bereits praktiziert. Während in den evangelischen Kirchen jeder Christ unabhängig von seiner Konfessionszugehörigkeit sich von Christus eingeladen wissen darf, ruft die katholische Kirche nach einer Zeit stillschweigender Duldung dieser Praxis ihre Glieder heute wieder zur Ordnung.

Katholisch

Nach den Ordnungen der katholischen Kirche sind gemeinsame Abendmahlsfeiern, bei denen katholische und evangelische Amtsträger gemeinsam die Feier leiten, ausgeschlossen. Über die Zulassung von Christen einer anderen Konfession bestehen folgende Regelungen:

> *Im Ökumenischen Direktorium,* den amtlichen römisch-katholischen Richtlinien von 1993, heisst es:
> „130. Wenn Todesgefahr besteht, können katholische Spender diese Sakramente unter den Bedingungen, die unten (Nr. 131) aufgezählt werden, spenden. In anderen Fällen wird streng empfohlen, dass der Diözesanbischof allgemeine Normen aufstellt, die dienlich sind, um zu beurteilen, welche Situationen als ernste und dringende Notwendigkeiten zu bewerten und ob die unten (Nr. 131) genannten Bedingungen als gegeben anzusehen sind ...
> 131. Die Bedingungen, unter denen ein katholischer Spender die Sakramente der Eucharistie, der Buße und der Krankensalbung einem Getauften, der sich in der oben erwähnten Situation befindet (Nr. 130), spenden kann, sind folgende: Dem Gläubigen ist es nicht möglich, einen Spender der eigenen Kirche oder kirchlichen Gemeinschaft aufzusuchen, er er-

bittet von sich aus diese Sakramente, er bekundet den katholischen Glauben bezüglich dieser Sakramente und ist in rechter Weise vorbereitet.

132. Aufgrund der katholischen Lehre über die Sakramente und ihre Gültigkeit kann ein Katholik unter den oben erwähnten Umständen (Nr. 130, 131) diese Sakramente nur von einem Spender einer Kirche erbitten, in dessen Kirche diese Sakramente gültig gespendet werden, oder von einem Spender, von dem feststeht, dass er gemäß der katholischen Lehre über die Ordination gültig geweiht ist.“

Auch die Gemeinsame Synode der Bistümer in der Bundesrepublik Deutschland 1971-1975 konnte nach langer und eingehender Auseinandersetzung über diese Frage nur feststellen: „Die Synode kann deshalb zum gegenwärtigen Zeitpunkt die Teilnahme eines katholischen Christen am evangelischen Abendmahl nicht gutheißen.“ Von diesem Grundsatz aus muss auch die nachfolgende Aussage der Synode gelesen werden: Es kann jedoch nicht ausgeschlossen werden, dass ein katholischer Christ – seinem persönlichen Gewissensspruch folgend – in seiner besonderen Lage Gründe zu erkennen glaubt, die ihm seine Teilnahme am evangelischen Abendmahl innerlich notwendig erscheinen lassen. Dabei sollte er bedenken, dass eine solche Teilnahme dem inneren Zusammenhang von Eucharistie und Kirchengemeinschaft, besonders im Hinblick auf das Amtsverständnis, nicht entspricht.

Aus der Respektierung von Gewissensentscheidungen lässt sich aber keine allgemeine Empfehlung für ein pastorales Handeln der Kirche ableiten.“

Evangelisch

In den evangelischen Kirchen sind gemeinsame Abendmahlsfeiern ebenfalls nicht vorgesehen. Es wird kein Christ wegen seiner anderen Konfessionszugehörigkeit vom Mahl des Herrn in der evangelischen Kirche ausgeschlossen. Die evangelischen Kirchen sehen sich auch nicht berechtigt, evangelischen Christen die Teilnahme an der katholischen Eucharistiefeier grundsätzlich zu verbieten, wenn sie dort das Mahl des Herrn wiedererkennen. Freilich müssen evangelische Christen bei ihrer Gewissensentscheidung bedenken, dass sie offiziell in der katholischen Kirche nicht zur Eucharistiefeier eingeladen sind und dass sie die katholischen Priester und Gemeinden in eine peinliche Verlegenheit bringen können.

Gemeinsame kirchliche Empfehlungen für die Seelsorge an kon-
fessionsverschiedenen Ehen und Familien (1981):
„Die evangelischen Kirchen gehen davon aus, dass weder ein
Katholik, der zum Abendmahl geht, noch ein evangelischer
Christ, der an der Kommunion teilnimmt, dadurch die Zugehörigkeit zur eigenen Kirche aufgibt; denn sie halten die Kirche des gemeinsamen Glaubensbekenntnisses für umfassender
als alle Kirchen und kirchlichen Gemeinschaften. Evangelische
Pfarrer schließen deshalb gemäß geltender Ordnung Glieder
der römisch-katholischen Kirche, die im Vertrauen auf die Verheißung Christi am evangelischen Abendmahl teilnehmen
wollen, nicht davon aus. Ebenso erlauben es evangelische Kirchen ihren Gläubigen, in einer besonderen Situation an der
heiligen Kommunion teilzunehmen."

WIR GEHEN IN DIE KIRCHE

Das Kirchengebäude

Wer heute eine neue Kirche betritt, erkennt oft nicht, ob er sich in einer katholischen oder evangelischen befindet. Der moderne Kirchenbau weist kaum konfessionelle Merkmale auf. Erst bei näherer Betrachtung fallen einige Besonderheiten auf.

Katholische Kirche

Für den katholischen Christen bedeutet der Kirchenraum einen heiligen Ort, das Haus Gottes, in dem Gott in besonderer Weise anwesend ist. Am Eingang befindet sich ein Becken mit Weihwasser. Katholiken benetzen sich mit diesem Wasser, indem sie sich bekreuzigen; dadurch wird symbolisch an die Taufe erinnert und die Reinigung von der Sünde und die Abwehr des Teufels angedeutet. Im Angesicht des Hauptaltars knien und bekreuzigen sich katholische Christen, weil sie dort die leibhaftige Gegenwart Christi verehren. Im Sakramentsschrein („Tabernakel") befindet sich das beim Abendmahl in den Leib Jesu Christi gewandelte Brot („Hostie"). Ein immer brennendes rotes Licht im Altarraum, das sogenannte Ewige Licht, symbolisiert Christus, das Licht der Welt. In größeren Kirchen gibt es häufig neben dem Hauptaltar noch Nebenaltäre, die einzelnen Heiligen geweiht sind und vor denen oft Opferkerzen brennen. An der Seite des Kirchenraumes befinden sich die Beichtstühle. Die Bänke weisen Vorrichtungen zum Knien auf, da das Knien als eine angemessene, demütige Gebetshaltung gilt.

Evangelische Kirche

Einem katholischen Christen wird in der evangelischen Kirche bei näherer Betrachtung eine gewisse Nüchternheit auffallen. Die evangelischen Kirchenräume wirken karger, mit einem Gefälle vom lutherischen zum reformierten Gepräge: Dort ist der Charakter des Gotteshauses stärker betont, hier der des christlichen Versammlungsraumes. Die Kirche ist nicht heiliger, dem profanen Gebrauch entzogener Raum, sondern Versammlungsstätte. Bei Neubauten bestand in den evangelischen Kirchen in den letzten Jahrzehnten die Neigung, Mehrzwecksäle zu errichten, für die verschiedenen Gemeindeveranstaltungen und die Gottesdienste zugleich. Die katholische Kirche hält dagegen am sakralen Kirchenbau fest.

Diese Unterschiede in der Gestaltung des Kirchenraumes hängen vor allem mit dem kirchlichen Selbstverständnis sowie der Wertung des Gottesdienstes und der Sakramente zusammen.

Der Gottesdienst

Wenn ein evangelischer Christ eine Messe erlebt, mag er den Eindruck haben: Hier geht alles sehr feierlich zu! Und ein Katholik, der einen evangelischen Gottesdienst besucht, sagt vielleicht: Hier ist alles recht nüchtern! Dieser zunächst äußere Unterschied hängt damit zusammen, dass dort das sakramentale Leben und hier die Predigt im Mittelpunkt steht.

Katholische Messe

Jede Messe in der katholischen Kirche besteht aus Wortgottesdienst und Eucharistiefeier (Abendmahl). Diese „Liturgie", die bei der Wandlung der Elemente in Leib und Blut Christi ihren Höhepunkt erreicht, ist als Werk Christi eine „heilige Handlung, deren Wirksamkeit kein anderes Tun der Kirche nach Rang und Maß erreicht" (Zweites Vatikanisches Konzil, Liturgie-Konstitution Nr. 7). „Vorauskostend" nehmen die Gläubigen in der irdischen Liturgie an der himmlischen teil, „zu der wir pilgernd unterwegs sind". In ihr wird das Mysterium Christi dargestellt und die Heiligung des Menschen bewirkt „und zwar so, dass dabei das Menschliche auf das Göttliche hingeordnet und ihm untergeordnet ist, das Sichtbare auf das Unsichtbare, die Tätigkeit auf die Beschauung (Kontemplation), das Gegenwärtige auf die künftige Stadt, die wir suchen" (Liturgie-Konstitution Nr. 2).

Die Liturgie wird gefeiert vom ganzen „heiligen Volk, geeint und geordnet unter den Bischöfen" (d.h. durch die Leitung eines Priesters, der den Bischof vertritt). Auf die tätige Teilnahme aller Gläubigen wird großer Wert gelegt. Der Besuch der Heiligen Messe am Samstagabend oder Sonntag, also der Besuch des eucharistischen Gottesdienstes, gehört zur „Sonntagspflicht" eines katholischen Christen. Nichtsakramentale Feiern wie Wort- und Gebetsgottesdienste, Andachtsübungen, Stundengebete usw. gelten nicht als heilige Liturgie; diese „steht von Natur aus weit über ihnen".

> *Zweites Vatikanisches Konzil:* „In der Liturgie, besonders im heiligen Opfer der Eucharistie, vollzieht sich das Werk unserer Erlösung, und so trägt sie im höchsten Maße dazu bei, dass das Leben der Gläubigen Ausdruck und Offenbarung des Mysteriums Christi und des eigentlichen Wesens der wahren Kirche wird."
>
> „Christus ist seiner Kirche immerdar gegenwärtig, besonders in den liturgischen Handlungen. Gegenwärtig ist er im Opfer der Messe, sowohl in der Person dessen, der den priesterlichen Dienst vollzieht, wie vor allem unter den eucharistischen Gestalten."
>
> „Aus der Liturgie, besonders aus der Eucharistie, fliesst uns wie aus einer Quelle die Gnade zu; in höchstem Maß werden in Christus die Heiligung der Menschen und die Verherrlichung Gottes verwirklicht, auf die alles Tun der Kirche als auf sein Ziel hinstrebt." (Liturgie-Konstitution Nr. 2,7 und 10)

Evangelischer Gottesdienst

In der evangelischen Kirche gibt es kein einheitliches Gottesdienstverständnis. Während die meisten lutherischen Kirchen eine enge Anknüpfung an die katholische Liturgie bewahrten, haben die reformierten Kirchen und die Freikirchen eine Fülle eigener Formen entwickelt. Bei allen steht jedoch durchweg die Predigt im Mittelpunkt. Die meisten Gemeinden feiern einmal im Monat und an hohen Festtagen das Abendmahl, nur selten noch in Form einer anschließenden Feier.

Der Gottesdienst mit Abendmahl und der Gottesdienst ohne Abendmahl haben im Prinzip keinen verschiedenen Rang – was nicht ausschließt, dass dennoch viele Protestanten die Abendmahlsfeier als Höhepunkt des gottesdienstlichen Lebens ansehen.

Die evangelischen Kirchen laden eindringlich zu ihren Gottesdiensten ein, aber eine „Sonntagspflicht" im katholischen Sinne gibt es nicht.

Nach evangelischem Sprachgebrauch ist „Liturgie" nicht heiliges Geschehen, sondern die Ordnung eines Gottesdienstes. Gott teilt den Gläubigen nicht durch den Vollzug des Gottesdienstes seine Gnade mit. Vielmehr ist der Gottesdienst liturgisch geordnete Gemeindeversammlung, in der Gottes Wort verkündigt und gemeinsam um Gottes Gnade gebeten wird. Lob-, Dank- und andere Gebete sowie christliches Leben im Alltag und in der kirchlichen Gemeinschaft sind die Antworten des Menschen auf Gottes Wort.

> *Konfessionskundliches Institut des Evangelischen Bundes:* „Im Unterschied zur römisch-katholischen Kirche kennen die evangelischen Kirchen keine Werte-Hierarchie der verschiedenen gottesdienstlichen Akte: Die Gegenwart und Wirksamkeit Christi in Wort und Sakrament wird geglaubt aufgrund göttlicher Verheißung und kann durch kirchliche Ämter oder durch entsprechende Einrichtungen ebenso wenig gesichert werden wie die Wirksamkeit des verkündigten Wortes Gottes.
>
> Evangelischer Gottesdienst vollzieht sich in einer doppelten Bewegung: Gott dient den Menschen, indem er sie mit seiner Verheißung (Evangelium) und seinem Gebot (Gesetz) anredet. Der Mensch dient Gott, indem er ihm glaubt und ihm dient durch Danksagung, Bitte, Fürbitte, Lobpreis und seinen Dienst am Nächsten." (Gutachten zur Frage der evangelisch-katholischen Gottesdienstgemeinschaft, 1969)

Aufbau des Gottesdienstes

Der Aufbau des sonntäglichen Gemeindegottesdienstes ist in den katholischen und in den evangelisch-lutherischen Kirchen durch die Jahrhunderte hindurch im wesentlichen der gleiche geblieben. Die lutherischen Kirchen übernahmen fast alle Traditionen, die dem evangelischen Glauben nicht widersprachen. Die reformierten Kirchen nahmen die vorreformatorische Tradition des einfachen Predigtgottesdienstes auf; so entstand hier eine sehr schlichte Gottesdienstform mit kurzer Liturgie (Lied, Gebet, Bibellesung und Predigt). Die folgende Übersicht bietet die in Deutschland verbreitetste evangelische Ordnung; einige Landeskirchen und Kirchengemeinden weichen geringfügig davon ab.

KATHOLISCHE MESSE	EVANGELISCHER GOTTESDIENST
Wortgottesdienst	*Hauptgottesdienst*
Lied	Lied
Einzug (Introitus) des Priesters und der Messdiener „Im Namen des Vaters …"	„Im Namen des Vaters…" Eingangsspruch (Psalm)
Schuldbekenntnis (Confiteor)	Sündenbekenntnis
Herr, erbarme dich (Kyrie)	Herr, erbarme dich Gnadenzuspruch
Ehre sei Gott (Gloria)	Ehre sei Gott in der Höhe
Gebet	Gebet
Epistellesung	Schriftlesung(en)
Halleluja	Glaubensbekenntnis
Lied	Lied
Evangelienlesung	
Predigt (Homilie)	Predigt Lied; Fürbitten und Vaterunser
Glaubensbekenntnis (Credo)	Segen
Eucharistiefeier	*Abendmahlsgottesdienst*
Opferungslied, Darbringungsgebet (Offertorium) (Beim Hochamt: Beräucherung des Altars)	Lied Allgemeine Beichte (nicht immer und überall)
Dankgebet (Präfation)	Dankgebet
Heilig, heilig, heilig (Sanctus)	Heilig, heilig, heilig
	Vaterunser
Gebet, Wandlung (Kanon)	Einsetzungsworte
Vaterunser	(Vaterunser)
Christe, du Lamm Gottes (Agnus Dei)	Christe, du Lamm Gottes
Friedensgruss mit dem Nachbarn	Friedensgruss (gelegentlich)
Austeilung des Brotes (Communio)	Austeilung des Brotes und Weines
Danksagung	Danksagung
Entlassung und Segen	Segen

Katholisch-evangelische Gottesdienstgemeinschaft

„Jede Kirche hält ihre Mitglieder zum Besuch ihrer Gottesdienste an. Weil aber allgemein anerkannt wird, daß auch bei den anderen Gottes Wort gehört und Gott angebetet und gelobt wird, verbietet heute keine Kirche ihren Gliedern grundsätzlich, die Gottesdienste der anderen zu besuchen. Alle Kirchen laden Christen, die nicht zu ihren Mitgliedern gehören, ein, an ihren Gottesdiensten ohne Sakramentsempfang teilzunehmen." (Handreichung der Evangelischen Kirche in Deutschland für evangelisch-katholische Begegnungen von 1983)

Konfessionsverschiedene Familien etwa können also mit gutem Gewissen gemeinsam die Gottesdienste ihrer Kirchen besuchen. Katholische Christen haben damit zwar noch nicht ihre „Sonntagspflicht" erfüllt - diese besteht in der Teilnahme an einer gültigen Eucharistiefeier -, aber in den Gemeinsamen Empfehlungen der katholischen Bischofskonferenz und des Rates der EKD für die Ehevorbereitung konfessionsverschiedener Partner heißt es (1974):

> „Ein Katholik kann nach den allgemeinen Regeln seiner Kirche von der Verpflichtung zum Besuch der Sonntagsmesse entbunden sein, wenn ihm die Teilnahme daran nicht oder nur unter schwerer Belastung möglich ist."

Die Rücksicht auf die evangelischen Familienangehörigen kann nach gemeinsamer Teilnahme an einem evangelischen oder ökumenischen Gottesdienst solch eine „Belastung" sein. Die evangelischen Kirchen haben wiederholt, aber bisher vergeblich, die katholischen Bischöfe gebeten, im ökumenischen Zeitalter den Besuch eines evangelischen oder ökumenischen Gottesdienstes als Erfüllung der Sonntagspflicht anzusehen.

Gäste der anderen Konfession können im Gottesdienst der anderen mitfeiern, indem sie die Gebete mitsprechen und die Lieder mitsingen, die nicht ihrem Glauben widersprechen. Auch liegt es im Ermessen evangelischer Christen, ob sie die in der Reformationszeit noch gemeinsamen Gesten mitvollziehen und knien und sich bekreuzigen. Das Knien und das Kreuzzeichen gibt es auch in der evangelischen Kirche, beispielsweise bei der Trauung und beim Segen. Knien gilt weithin als eine angemessene demütige Haltung vor Gott; mit dem Kreuzzeichen unterstellt sich der Christ dem dreieinigen Gott. So können evangelische und katholische Christen im Gottesdienst der anderen mit gutem Gewissen die eigenen gewohnten Haltungen vollziehen oder sich den Christen der anderen Kirche anpassen.

Neben der gastweisen Teilnahme am Gottesdienst der anderen Konfession äußert sich die evangelisch-katholische Gottesdienstgemeinschaft auch in „Ökumenischen Gottesdiensten". Da eine volle Abendmahlsgemeinschaft noch ausgeschlossen ist, werden diese Veranstaltungen in der katholischen Kirche auch „Wortgottesdienst" oder „Gemeinsames Gebet" genannt. Sie sind von der „Heiligen Messe" zu unterscheiden, ihr Besuch erfüllt nicht die katholische Sonntagspflicht. Sie finden zumeist an den Abenden der Wochentage statt, sei es im Rahmen der Weltgebetswoche für die Einheit der Christen, der ökumenischen Bibelwoche und der Weltgebetstage der Frauen oder sei es aus besonderem Anlass, z. B. für konfessionsverschiedene Paare. Wegen der „Sonntagspflicht" hat die katholische Deutsche Bischofskonferenz ökumenische Gottesdienste am Sonntagvormittag zur Stundenzeit der Sonntagsmesse untersagt; über Ausnahmen entscheidet das jeweils zuständige bischöfliche Ordinariat.

Geistlicher Ökumenismus

Beide Kirchen stehen heute vor radikalen neuen Fragen: Wie sind Gottesdienst, Sakrament, Frömmigkeit, Reden von Gott, Beten usw. in der säkularisierten Welt von heute überhaupt zu gestalten? Die Suche nach neuen Formen gottesdienstlichen Lebens verbindet beide Kirchen und kann eine gegenseitige Verständigung fördern.

Häufig wird zu Recht das gemeinsame Beten als das „Herz der Ökumene" bezeichnet. Dazu gehören selbstverständlich auch andere Formen als Gottesdienste und Andachten, vor allem nämlich das gemeinsame Beten in den Familien, das Tischgebet oder das Gute-Nacht-Gebet mit den Kindern.

STATIONEN DES LEBENS

Unser Kind wird getauft

Wenn Kinder getauft werden, bedeutet das nicht etwa eine feierliche Weihe zur Geburt. Gegen das „magische" Missverständnis, die Taufe sei eine Art religiöse Impfung gegen Unglück oder ein Garantieschein für den Himmel, wehren sich beide Kirchen oft vergeblich.

Die katholische und die evangelische Kirche verstehen die Taufe als das Sakrament zur Aufnahme in die Gemeinschaft mit Christus und in die Kirche als dem „Leib Christi". Getauft wird im Namen des dreieinen Gottes durch dreimaliges Begießen mit Wasser als Symbol der Reinigung von Sünden. So spricht Gott sein grundsätzliches Ja zum Menschen. Das Ja des Menschen zu Gott ist der Glaube. Weil also Taufe und Glaube zusammengehören, versprechen Eltern und Paten bei der Taufe eines Kindes, für dessen Erziehung im christlichen Glauben zu sorgen.

Die römisch-katholische Kirche und die evangelischen Landeskirchen erkennen (seit 29. April 2007 bundesweit) die Taufe in der anderen Kirche an; man nennt die Taufe darum das „Band der Einheit". Der Volksmund redet bei einen Konfessionswechsel zu Unrecht von einer „Umtaufe". Die katholische Kirche hat früher die sogenannte Konditionaltaufe bei Übertritten vorgenommen, d. h. die Taufe wurde bedingungsweise wiederholt, sofern an ihrer Gültigkeit Zweifel bestanden. Heute geht die katholische Kirche im allgemeinen davon aus, dass die Taufe in der evangelischen Kirche gültig ist.

Ökumenisches Direktorium der katholischen Kirche: „Der Brauch, unterschiedslos alle bedingungsweise zu taufen, welche die volle Gemeinschaft mit der katholischen Kirche wünschen, kann nicht gebilligt werden. Denn das Sakrament der Taufe darf nicht wiederholt werden. Deshalb ist es nicht erlaubt, die Taufe bedingungsweise zu wiederholen, wenn kein begründeter Zweifel entweder an der Tatsache oder an der Gültigkeit der schon gespendeten Taufe besteht."

Unterschiedliche Akzente

Die *katholische* Kirche betont bei der Taufe das wirkliche Hineingenommenwerden in das Leben des dreieinigen Gottes. Diese Tatsache kennzeichnet den einmal Getauften für immer, auch wenn er schuldhaft die Taufgnade verwirkt; man spricht vom unauslöschlichen Taufsiegel. Da die Taufe notwendig zum Heil ist, lehrt die katholische Kirche, dass Kinder schon im frühesten Alter getauft werden sollen.

> *Zweites Vatikanisches Konzil:* „Durch die Taufe der Kirche eingegliedert, werden die Gläubigen durch das unauslöschliche Prägemal zur Ausübung der christlichen Religion bestimmt und, wiedergeboren zu Söhnen Gottes, sind sie gehalten, den von Gott durch die Kirche empfangenen Glauben vor den Menschen zu bekennen." (Kirchen-Konstitution Nr. 11)
>
> „Die Anhänger Christi sind von Gott nicht kraft ihrer Werke, sondern aufgrund seines Ratschlusses berufen und in Jesus dem Herrn gerechtfertigt, in der Taufe des Glaubens wahrhaft Kinder Gottes und der göttlichen Natur teilhaftig und so wirklich heilig geworden." (Kirchen-Konstitution Nr. 40)

Im katholischen Taufgottesdienst sind symbolische Handlungen Brauch wie etwa die Salbung mit Öl als Hinweis auf die Teilnahme an der Sendung Christi, des „Gesalbten". Das Überreichen der brennenden Kerze als Zeichen für Christus, das Licht der Welt, wird auch in evangelischen Gemeinden wieder üblich.

In den *evangelischen* Landeskirchen wird ebenfalls weithin von der „Heilsnotwendigkeit" der Taufe gesprochen. Zum Heile nötig ist der persönliche Zuspruch der Verheißungen Gottes, wie er in der Taufe zum Ausdruck kommt. Doch sagen Protestanten nicht, dass der Getaufte „der göttlichen Natur teilhaftig" geworden sei. Im allgemeinen wird die Kindertaufe in den evangelischen Kirchen praktiziert, aber viele Protestanten, die Baptisten und neuerdings auch etliche Lutheraner und Reformierte, wollen ein magisches Missverständnis der Taufe durch die Reihenfolge: erst der Glaube, dann die Taufe, ausschließen. Sie treten für die Erwachsenentaufe ein.

> *Augsburger Bekenntnis, Art. 9:* „Von der Taufe wird gelehrt, dass sie notwendig ist und dass durch sie Gnade angeboten wird. Man soll auch die Kinder taufen, die durch die Taufe Gott übergeben und von ihm angenommen werden."

45

Paten

In beiden Kirchen übernehmen Paten/innen die Verpflichtung, für die christliche Erziehung des Taufkindes sorgen zu
wollen. Die Kirchen verstehen darunter konkret die Erziehung
im katholischen oder im evangelischen Glauben. Die katholische Kirche überträgt das Patenamt nur an Glieder der eigenen
Konfession; sie läßt Glieder der anderen Konfessionen als
„Taufzeugen" zu. In konfessionell gemischten Familien spielt
dieser Unterschied zwischen „Paten" und „Taufzeugen" keine
erhebliche Rolle; in den meisten evangelischen Landeskirchen
können Angehörige einer anderen Konfession (das gilt für Kirchen, die der Arbeitsgemeinschaft christlicher Kirchen [ACK]
angehören) vom Konfirmationsalter an als Paten zugelassen
werden.

Firmung und Konfirmation

In den evangelischen Kirchengemeinden findet jährlich die
Konfirmation der etwa vierzehnjährigen Jugendlichen statt.
Ebenfalls jährlich und oft zur gleichen Jahreszeit veranstalten
die katholischen Gemeinden die Erstkommunion für die etwa
Achtjährigen. Im Volksbewusstsein wird hier irrtümlich eine
Parallele gesehen. Die Kommunionfeier bedeutet in der katholischen Kirche, dass ein Kind zum ersten Mal an der Eucharistie aktiv teilnimmt. Mit der Konfirmation in der evangelischen Kirche ist zwar gewöhnlich der erste Gang zum
Abendmahl verbunden, aber dies ist nicht ihre eigentliche Bedeutung. Die Parallele zur Konfirmation ist in der katholischen Kirche die Firmung. Das lateinische Wort „firmare" (=
befestigen) liegt beiden Bezeichnungen zugrunde. Der Firm-
ling oder Konfirmand soll im Glauben gestärkt werden. Die
Bedeutung der Firmung und der Konfirmation ist in beiden
Kirchen neben diesem gemeinsamen Ausgangspunkt jedoch
verschieden.

Firmung: Übertragung des Heiligen Geistes

Die katholische Firmung spendet meist ein Bischof persön-
lich. Zum Ritus dieses Sakramentes gehören Handauflegung,
Gebete und eine Kreuzeichnung mit Chrisamöl auf die Stirn.
Die Firmlinge sollen nach katholischer Auffassung durch die-

ses Sakrament mit dem Heiligen Geist erfüllt und mit „unauslöschlichem Charakter" geprägt werden. Die Handlung soll nicht magisch missverstanden werden. Sie gilt vielmehr als Ergänzung zur Taufe und betont den Glauben des Firmlings. Der Gläubige wird der Kirche vollkommen verbunden und gleichsam für mündig erklärt. Er wird verpflichtet, „den Glauben als wahrer Zeuge Christi in Wort und Tat zugleich zu verbreiten und zu verteidigen" (Zweites Vatikanisches Konzil, Kirchenkonstitution Nr. 11). „Die Firmung ist nicht unbedingt zum Heil notwendig. Wer sie aber aus eigener Schuld nicht empfängt, versündigt sich, weil er den Heiligen Geist und seine Gnadengaben gering achtet." (E. Ming, Grundfragen der katholischen Glaubenslehre, 1968).

Konfirmation: Einsegnung

Die evangelische Konfirmation bildet den Abschluss einer ein- oder zweijährigen Unterweisung im Glauben durch den Pfarrer oder die Pfarrerin. Sie ist kein „Sakrament". Die Einsegnung (unter Handauflegen oder Handschlag) bedeutet eine Bitte um den Heiligen Geist, nicht eine Übertragung aufgrund bischöflicher Weihegewalt. Mit der Konfirmation ist die Zulassung zum Abendmahl und das Recht zur Übernahme des Patenamtes verknüpft. An vielen Orten ist der erste Gang zum Abendmahl inzwischen vorverlegt.

Da bei der Säuglingstaufe das Glaubensbekenntnis stellvertretend von den Eltern und Paten gesprochen wird, wurde die Konfirmation lange als nachgeholtes Taufbekenntnis verstanden. Die Auffassung der Konfirmation als solche Verpflichtung der Konfirmanden tritt mehr und mehr hinter die Absicht zurück, dass der Konfirmand seine Eingliederung in die Gemeinde neu bestätigt.

Hochzeit und Ehe

Katholische und evangelische Christen haben im wesentlichen dieselben Erwartungen für die Ehe. Sie heiraten, weil sie sich lieben und ihr Leben gemeinsam führen wollen; sie bejahen die Einehe auf Lebenszeit sowie eine verantwortliche Elternschaft. Dennoch bekundet sich in der Lehre der katholischen und evangelischen Kirche ein unterschiedliches Ehever-.

ständnis, so dass die Kirchen vor allem im Blick auf konfessionsverschiedene Ehen noch keine volle Einigung erzielen konnten.

Eheverständnis

Die katholische Kirche versteht die Ehe unter Christen als Sakrament, d. h. „als Zeichen des Heils und als Hilfe zum Heil". Die Ehe von Nichtchristen gilt als „Naturehe". Die Taufe bewirkt also nach katholischem Verständnis, dass aus einer allgemein menschlichen Ordnung für das Zusammenleben der Geschlechter eine Heilsordnung wird. Die Brautleute spenden einander das Ehesakrament anlässlich der kirchlichen Trauung.

> In den *„Gemeinsamen kirchlichen Empfehlungen für die Ehevorbereitung konfessionsverschiedener Partner"* (1974) heißt es zum katholischen Eheverständnis: „Das Sakrament ist ein sichtbares und wirksames Zeichen für den Heilswillen Gottes, der in Christus erkennbar geworden ist und in der Kirche fortwirkt. Christliche Eheleute erfahren durch das Sakrament der Ehe im Ja zueinander die unwiderrufliche Zusage und Hilfe Gottes für ihre Ehe. Darum hat die Kirche mit der Ehe ihrer Glieder zu tun, und darum brauchen die Eheleute ihre Kirche. Christus hat die Liebe der Ehegatten ‚in reichem Maße gesegnet. Wie nämlich Gott einst durch den Bund der Liebe und Treue seinem Volk entgegenkam, so begegnet nun der Erlöser der Menschen … durch das Sakrament der Ehe den christlichen Gatten. Er bleibt … bei ihnen, damit sie sich in gegenseitiger Hingabe und ständiger Treue lieben, so wie er selbst die Kirche geliebt und sich für sie hingegeben hat. Echte eheliche Liebe wird in die göttliche Liebe aufgenommen.' (Zweites Vatikanisches Konzil, Pastoral-Konstitution, Nr. 48)."

Die evangelische Kirche spricht nicht von „Naturehe" und „sakramentaler Ehe". Die Ehe von Christen wird nicht aufgrund der Taufe zu einem besonderen Ort des Heils. Keine Ehe ist an sich „christlich". Die Ehe ist eine Ordnung Gottes, und sie wird für die Eheleute, nicht anders als zum Beispiel der Beruf, zu einem Ort der Glaubensbewährung und des Lebens vor Gott. Unter der Herrschaft Christi werden Christen vielleicht ihre Ehe besser führen als Nichtchristen. Das muss sich im Leben erweisen, besagt aber nichts über die Ehe als „Zeichen des Heils". Durch menschliches Versagen kann die Ehe von Christen auch „Zeichen der Hölle" werden.

Evangelische Kirche in Deutschland: „Die evangelischen Kirchen verstehen die Ehe in Auslegung der biblischen Zeugnisse und in Treue zu den reformatorischen Bekenntnissen als die Verbindung der Geschlechter, die dem Willen Gottes entspricht. In diesem Sinn bezeichnen sie die Ehe als Stiftung Gottes, der den Eheleuten die volle Verantwortung für Gestaltung und Führung ihres gemeinsamen Lebens zumutet … Die Ehe ist Liebesgemeinschaft, in der jeder Ehegatte sich von seinem Partner her versteht, für ihn lebt und für ihn eintritt. Dies wird dem Glaubenden in der tiefsten Bedeutung daran deutlich, daß sich ihm die Ehe als Abbild des Verhältnisses Christi zu seiner Gemeinde erschließt: Er hat sich für sie hingegeben. Diese göttliche Liebe ermöglicht den Eheleuten Überwindung von Spannungen, Treue in Nöten, Vergebung von Schuld und immer tiefere gegenseitige Hingabe; sie trägt die Ehe von Christen wie von Nichtchristen." (Erwägungen zum evangelischen Eheverständnis, 1970, in: Schöpsdau, S. 161f)

Im Ehealltag spielt das unterschiedliche Eheverständnis kaum eine Rolle, es mutet daher wie Theologengezänk an. Das Mischehenproblem hat aber für die Kirchen hier seine Wurzeln, weil die Kirchen von ihren Grundpositionen her unterschiedliche rechtliche Konsequenzen gezogen haben, vor allem im Eheschließungs- und im Scheidungsrecht.

Rechtliche Folgerungen

1. Die katholische Kirche bindet die Ehe und die Eheschließung von Katholiken an ein eigenes kirchliches Recht und respektiert das staatliche Recht nur hinsichtlich seiner bürgerlichen Wirkungen. Die kirchlich gültige Eheschließung von Katholiken erfolgt für sie erst bei der katholischen Trauung, deren verpflichtende Form im Ja-Wort vor dem Priester und zwei Zeugen besteht („Formpflicht").

Die evangelische Kirche erkennt die nach bürgerlichem Recht standesamtlich geschlossene Ehe vor Gott und Menschen als gültig an. Sie ist der Auffassung, dass sie im Eherecht so lange von sich aus nichts zu ordnen hat, als der Staat den wesentlichen Gehalt der Ehe anerkennt und schützt.

2. Die katholische Kirche lehrt, dass die Ehe unauflöslich sei. Eine gültig geschlossene Ehe zweier Getaufter kann nie mehr und durch keine irdische Instanz geschieden werden, auch wenn sich daraus sehr tragische Verwicklungen für zwei

Menschen und deren Familie ergeben sollten. Eine Trauung Geschiedener ist darum in der katholischen Kirche nicht möglich. Die katholische Kirche besitzt eine eigene Ehejustiz, die in besonderen Fällen Ehen für nichtig erklärt, wenn diese von Anfang an nicht gültig zustande kamen, weil beispielsweise das Eheversprechen mit Vorbehalt abgegeben wurde oder bei der Eheschließung ein Formfehler unterlaufen ist. Gegenwärtig wird in der katholischen Kirche diskutiert, wie Geschiedene, die standesamtlich wieder geheiratet haben, seelsorglich behandelt werden sollen – ob sie beispielsweise zu den Sakramenten zugelassen werden sollen, was bisher nicht möglich ist.

Die evangelischen Kirchen lehren, die Ehe müsse grundsätzlich auf Lebenszeit geschlossen werden. Aber sie rechnen auch mit der Macht der Sünde, die eine Ehe zerstören kann. Einer Scheidung wird evangelischerseits die Zustimmung nicht verweigert, wenn der rechtliche Fortbestand der zerstörten Ehe die Betroffenen in ihrer menschlichen Existenz schwerer gefährden würde als eine Scheidung. Die evangelische Trauung eines Geschiedenen liegt im seelsorgerlichen Ermessen des Pfarrers oder der Pfarrerin.

Kirchliche Trauung

Zur *Ehevorbereitung* führen in beiden Kirchen die Seelsorger mit dem Brautpaar ein Traugespräch. In ihm werden Sinn und Wesen der Ehe sowie die praktischen Fragen der kirchlichen Trauung behandelt. Konfessionsverschiedene Paare können sich in beiden Kirchen beraten lassen. Das Traugespräch kann auch mit beiden Seelsorgern zugleich gehalten werden. Manche Gemeinden laden gemeinsam die Brautleute zu Seminaren oder Kursen ein.

Die *katholische* Trauung ist nach dem Verständnis der katholischen Kirche eine Eheschließung, bei der die Brautleute vor dem Pfarrer und zwei Zeugen ihren Ehewillen erklären. Sie findet bei konfessionsverschiedenen Paaren in der Regel in einem Wortgottesdienst statt.

Die *evangelische* Trauung ist ein Gottesdienst mit Predigt, Bekenntnis, Gebet und Segen. Die Eheleute stellen ihre Ehe unter Gottes Wort und bekunden öffentlich, dass sie ihr gemeinsames Leben als Glieder der christlichen Gemeinde verantwortlich führen wollen.

Eine *gemeinsame* evangelisch-katholische ("ökumenische") Trauung ist bei begründetem Wunsch eines konfessionsverschiedenen Paares in der Weise möglich, dass ein/e evangelische/r Pfarrer/in bei der katholischen Trauung oder ein katholischer Pfarrer bei der evangelischen Trauung mitwirkt. Eine Doppeltrauung lehnen beide Kirchen ab. Man kann sich also nicht nacheinander evangelisch und katholisch trauen lassen.

Behebung von Schwierigkeiten für
konfessionsverschiedene Paare

Die evangelische Kirche kennt für konfessionsverschiedene Ehen keine Bedingungen oder Rechtsbeschränkungen. Bisherige Bestimmungen in den Kirchenordnungen, die dem entgegenstanden, sind aufgehoben worden. (Einige Landeskirchen erwarten freilich von ihren hauptberuflichen Mitarbeitern, dass ihre konfessionsverschiedene Ehe evangelisch getraut wird; von den Ehepartnern der ordinierten Amtsträger /innen wird im allgemeinen die Zugehörigkeit zu einer evangelischen Kirche vorausgesetzt.)

In der katholischen Kirche ist eine konfessionsverschiedene Ehe „ohne ausdrückliche Erlaubnis der zuständigen Autorität verboten" (Kath. Kirchenrecht 1983, Canon 1124). In Deutschland kann jeder katholische Pfarrer diese Erlaubnis erteilen, wenn der/die katholische Partner/in folgende Fragen bejaht:

„Wollen Sie in Ihrer Ehe als katholischer Christ leben und den
Glauben bezeugen?
– Sind Sie sich bewusst, dass Sie als katholischer Christ die
Pflicht haben, Ihre Kinder in der katholischen Kirche taufen zu
lassen und im katholischen Glauben zu erziehen?
– Versprechen Sie, sich nach Kräften darum zu bemühen, dieses sittliche Gebot zu erfüllen, soweit das in Ihrer Ehe möglich ist?"

In der Erfüllung dieses Versprechens muss der katholische Christ auf das Gewissen seines nichtkatholischen Partners Rücksicht nehmen. Das Versprechen schliesst nicht aus, dass das Paar sich bereits vor der Eheschließung für eine evangelische Taufe und Erziehung künftiger Kinder entscheidet. Es gilt als erfüllt, wenn der katholische Partner sich „nach Kräften" um die katholische Kindererziehung bemüht hat.

Erfahrungsgemäß bedeutet dieser komplizierte Sachverhalt häufig schwere Gewissensbelastungen für die Betroffenen. Bisweilen durchschauen nicht einmal katholische Priester die Rechtslage und lehnen dann die Erlaubnis ab, wenn das Paar erklärt, es habe sich für eine evangelische Trauung und Kindererziehung entschieden. Evangelische Seelsorger und katholische bischöfliche Ordinariate sollten in solchen Fällen um Vermittlung angegangen werden.

Der evangelische Partner soll über das katholische Eheverständnis und über die Verpflichtungen seines katholischen Partners unterrichtet sein. Es ist deshalb erwünscht, dass er zum Traugespräch mit dem katholischen Pfarrer bereit ist. Er braucht dabei selbst kein Versprechen abzugeben. Lehnt er es ab, zum Traugespräch zu kommen, muss der katholische Pfarrer die Angelegenheit dem Bischof vorlegen.

Von der katholischen *Formpflicht* (= Pflicht zur katholischen Trauung) kann der zuständige Bischof befreien (dispensieren), wenn das Brautpaar erklärt, dass einer katholischen Eheschließung erhebliche Schwierigkeiten entgegenstehen. Voraussetzung dafür ist, dass der katholische Partner die obengenannten Fragen bejaht und sonst kein Ehehindernis besteht (z. B. eine geschiedene Ehe; die katholische Kirche erkennt Scheidungen nicht an). Den Dispensantrag stellt der katholische Partner bei seinem Pfarrer. Mit einer Dispens ist die nur standesamtlich geschlossene oder evangelisch getraute Ehe nach katholischem Recht ebenso gültig wie bei einer katholischen Trauung. Die katholische Kirche gibt in einem solchen Fall jedoch der evangelischen Trauung den Vorzug vor einer bloß standesamtlichen Eheschließung.

In *ungültiger* Ehe lebt nach katholischer Auffassung ein katholischer Christ, der sich ohne Dispens von der Formpflicht nichtkatholisch trauen ließ. Er kann die Sakramente seiner Kirche erst empfangen, wenn die Ehe kirchlich gültig gemacht ist. Hierfür ist eine nachträgliche Trauung nicht erforderlich. Ein katholischer Priester kann die Gültigkeit der Ehe beurkunden, wenn der Ehewille der Partner andauert, sonstige Ehehindernisse nicht vorliegen und der katholische Partner bereit ist, sinngemäß die gleichen Fragen wie beim Eheabschluß (s. o.) zu bejahen.

Eheschließungen
in Deutschland   388 451
Eine Aufteilung nach der Konfessions- oder
Religionszugehörigkeit der Ehepartner veröffentlicht
das Statistische Bundesamt nicht mehr.

Evangelische Trauungen	55 919
evangelisch-evangelisch	31 718 (59,7 %)
evangelisch-katholisch	14 295 (25,4 %)
evangelisch-anderschristlich	1 643 (3,2 %)
evangelisch-nichtchristlich	8 040 (11,7 %)
kein Partner evangelisch	223
Gottesdienstliche Feier	5 729

Katholische Trauungen	49 900
katholisch-katholisch	31 564 (63,3 %)
katholisch-evangelisch	12 916 (25,9 %)
katholisch-übrige	5 420 (10,8 %)
Dispens von kath. Eheschließungsform	5 517
nachträgliche Gültigkeitserklärung	572

Bei etwa Zweidrittel der evangelisch-katholischen Trauungen findet die Trauung in der Kirche statt, der die Braut angehört. Andere Paare entscheiden sich gemäss der stärkeren kirchlichen Bindung eines Partners oder der Rücksicht auf familiäre Bindungen.

Für die 14 295 evangelischen Trauungen eines evangelisch-katholischen Paares wurde nur 5 517 mal eine Dispens von der katholischen Formpflicht eingeholt. Allein im Jahre 2005 sind somit 8 778 evangelisch getraute konfessionsverschiedene Paare nach katholischem Kirchenrecht „ungültig" verheiratet. Auf die vergangenen etwa 30 Jahre zurückgerechnet sind also mehrere hunderttausend evangelisch getraute konfessionsverschiedene Ehen katholisch „ungültig". Im Falle einer Scheidung und beim späteren Wunsch, eine Zweitehe katholisch trauen zu lassen, hätte ein katholischer Ehenichtigkeitsprozess leichten Erfolg. Diese katholischen Regelungen sind aus evangelischer Sicht ökumenisch schwer erträglich. Eine katholische Generaldispens würde das Problem zumindest für die Fälle lösen, wo kein Ehehindernis nach katholischem Verständnis vorliegt (z.B. im Falle eines geschiedenen Partners).

Taufe und Erziehung der Kinder

Die evangelische und die katholische Kirche stimmen darin überein, dass Vater und Mutter gemeinsam für die Taufe und Erziehung ihrer Kinder verantwortlich sind. Auch in konfessionsverschiedenen Ehen bedeutet christliche Erziehung, den eigenen Glauben zu bezeugen und vorzuleben. Offenheit für das Gemeinsame im Glauben gehört ebenso dazu wie die Eingliederung in eine bestimmte Kirche. Konfessionsverschiedene Eltern stehen darum vor der Entscheidung, in welcher Kirche sie ihre Kinder taufen und erziehen lassen wollen.

Gemeinsame Empfehlungen:

„Jede Kirche erwartet von ihren Gliedern, dass sie ihre Kinder im eigenen Glauben erziehen. Der Christ ist verpflichtet, seinen Glauben zu bekennen und das ihm Mögliche zu tun, um diesen Glauben auch bei seinen Nachkommen zu wecken. Der katholische Partner verspricht, sich nach Kräften darum zu bemühen, dass die Kinder in der katholischen Kirche getauft und erzogen werden. Über dieses Versprechen wird der nichtkatholische Partner unterrichtet. Keiner darf jedoch zum Handeln gegen sein Gewissen veranlasst werden. Wo ein Partner – katholisch oder evangelisch – nur unter Verletzung seines Gewissens eine Ehe schließen könnte, wäre eine solche Ehe nicht zu verantworten.

Fragen, die mit der Taufe und der religiösen Erziehung der Kinder zusammenhängen, sollten möglichst vor der Eheschließung geklärt werden.

Ist eine gemeinsame Entscheidung herbeigeführt, darf diese später nicht einseitig geändert werden. Wenn aber die Eheleute gemeinsam zu einer neuen Entscheidung kommen, muss dies um des Gewissens willen respektiert werden. Weder Verwandte noch Pfarrer dürfen auf eine Änderung von Entscheidungen drängen, wenn dies den Frieden der Ehe und Familie stören würde." (Gemeinsame kirchliche Empfehlungen für die Ehevorbereitung konfessionsverschiedener Partner, 1975)

> *Evangelische Empfehlungen (in Bayern):* „Von besonderer Bedeutung für die konfessionsverschiedene Ehe ist die Entscheidung über die Konfession der Kinder. Die Partner sollten frühzeitig, am besten vor der Eheschließung, eine gemeinsame und von falschen Rücksichtnahmen oder Befürchtungen freie Ent-.

scheidung nach bestem Wissen und Gewissen treffen, die geeignet ist, die Kinder zu lebendigem Glauben zu führen. In der Familie muss darauf geachtet werden, dass ihr derjenige Ehepartner, der mit seinem Glauben allein steht, nicht entfremdet wird."

Katholische Deutsche Bischhofskonferenz: „Wenn die Kinder in der nichtkatholischen Kirche getauft und erzogen werden, beinhaltet das Versprechen, das der katholische Partner ablegt u. a.,
– dass er die christliche Gestaltung des Ehe- und Familienlebens aktiv mittragen will;
– dass er die religiöse Erziehung der Kinder fördert;
– dass er durch seine beispielhafte Lebensführung den Kindern den katholischen Glauben nahe bringt;
– dass er durch religiöse Fortbildung seinen Glauben vertieft, um mit seinem Ehepartner ein fruchtbares Glaubensgespräch führen und die Fragen der Kinder beantworten zu können;
– dass er mit seiner Familie das Gebet, insbesondere um die Gnade der Einheit im Glauben pflegt, entsprechend dem Testament des Herrn, ‚dass alle eins seien'."
(Ausführungsbestimmungen zum päpstlichen Erlaß „Matrimonia mixta", 1970)

Hinweise für konfessionell gemischte Familien

Beide Kirchen möchten, dass evangelische und katholische Christen mit gutem Gewissen in einer konfessionsverschiedenen Familie leben können und in ihrer Kirche beheimatet bleiben. Häufig spricht man heute von „konfessions*verbindenden* Ehen", weil die Erfahrungen dieser Familien eine gute ökumenische Chance für bessere Beziehungen der Kirchen zueinander sind.

Wo in einer Ehe oder Familie Konflikte auftreten, stehen die Seelsorger beider Kirchen, die kirchlichen Ehe- und Familienberatungsstellen sowie die Telefonseelsorge mit Rat und Tat zur Verfügung. Mancherorts bestehen besondere ökumenische Arbeitskreise für konfessionsverschiedene/konfessionsverbindende Ehen.

Eltern und Kinder in konfessionsverschiedenen Familien können und sollen miteinander die Bibel lesen, gemeinsam beten und auch zusammen die Gottesdienste ihrer Kirchen besuchen.

Bücher über Glaubensfragen, Gesang- und Gebetbücher, Sonntagsblätter und anderes kirchliches Schrifttum können ihnen helfen, die unterschiedliche Gestalt von Glauben und Frömmigkeit in den einzelnen Kirchen zu verstehen und zu achten. Indem sie sich darum bemühen, leisten sie der Christenheit von heute einen wertvollen Dienst.

Die Statistik belegt, dass im Zusammenhang von Eheschliessungen viele Menschen sich zu einem Konfessionswechsel entschliessen. Im Jahre 2005 traten 9 812 Katholiken in die evangelische Kirche ein, 4 378 Evangelische in die katholische Kirche. Insgesamt 14 190 Menschen haben sich also mit der Konfessionsfrage intensiv befasst und für sich persönlich eine Entscheidung getroffen. Die religiöse und konfessionelle Einheit in der Familie und in der Kindererziehung spielte dabei sicherlich eine besondere Rolle und ist auch ein hohes Gut. Jede Gewissensentscheidung ist hier zu respektieren. Niemand sollte genötigt werden, ohne eigene Glaubensüberzeugung nur aus familiären Rücksichten zu konvertieren. Insgesamt können Übertretende heute eher Brückenbauer zwischen den Kirchen als ökumenische Störenfriede sein.

Am Ende des Lebens

„Gott, der Herr über Leben und Tod, nahm heute zu sich in sein Reich ..." So oder ähnlich beginnen viele Sterbeanzeigen. Bei Katholiken findet man oft auch den Hinweis, der Verstorbene sei „versehen mit den Tröstungen der heiligen katholischen Kirche" heimgegangen, das Seelenamt fände am Nachmittag in der Kirche statt.

Die Worte vom Heimgang und vom ewigen Leben klingen tröstlich. Dennoch sind Sterben und Tod von einem Geheimnis umgeben. Dem Menschen wird unheimlich, wenn er daran denkt. Er hat Angst. Der Verstand kommt hier an seine Grenzen. Alles Forschen über das Leben nach dem Tode und über die Unsterblichkeit der Seele hat keine Gewissheit gebracht. Wie können der Glaube und die Hoffnung, die sich an Jesus Christus orientieren, dieses Geheimnis lüften ?

Evangelische und katholische Christen bekennen gemeinsam, dass Gott Jesus von den Toten auferweckt hat. Mit den

Worten des apostolischen Glaubensbekenntnisses glauben sie „an die Auferstehung der Toten und das ewige Leben". Eine Vielfalt von Antworten bekommt man aber quer durch die Konfessionen auf die Frage, wie der Gläubige sich das ewige Leben, das Gericht Gottes usw. konkret vorstellen soll. Die sogenannten modernen Theologen/innen in beiden Kirchen lehnen es überwiegend ab, überhaupt das Weiterleben nach dem Tode auszumalen. Sie begnügen sich mit der Hoffnung, dass Gott auch nach dem Tode die Seinen bewahren wird.

In der katholischen Kirche sind in der Lehre und der Frömmigkeit die traditionellen Vorstellungen vielleicht noch lebendiger als in den evangelischen Kirchen. Die Aussagen über die unsterbliche Seele, das Fegefeuer, das Feuer in der Hölle oder die Freuden im Himmel sind jedoch nicht „typisch katholisch", als ob Katholiken eine lebhafte Phantasie hätten und Protestanten aufgeklärter seien und solche Geschichten nicht mehr glauben. In einigen kirchlichen Handlungen beim Sterben und beim Tod eines Menschen sowie in der Verehrung und Anrufung der Heiligen werden jedoch konfessionell verschiedene Frömmigkeitsformen deutlich.

Katholische Sterbesakramente

Der biblische Rat (Jakobusbrief 5, 14f), Kranke unter Gebet und Flehen zu salben, hat in der katholischen Kirche zum Sakrament der Krankensalbung geführt, auch Letzte Ölung oder Sterbesakrament genannt. Heute ist dieses Sakrament auch für Kranke, nicht nur für Sterbende bestimmt. Es darf bei chronisch Leidenden immer wiederholt werden, wenn eine Verschlechterung des Gesundheitszustandes eintritt; es kann auch in der Messfeier an mehrere Gläubige gleichzeitig gespendet werden. Um die Gewissheit eines guten Todes unter der Gnade Gottes zu vermitteln, soll der Kranke nach Möglichkeit auch beichten und die Kommunion empfangen.

> *Apostolische Konstitution „Die Feier der Krankensalbung":*
> „Das Sakrament der Krankensalbung wird jenen gespendet, deren Gesundheitszustand bedrohlich angegriffen ist, indem man sie auf der Stirn und auf den Händen mit ordnungsgemäß geweihtem Olivenöl oder, den Umständen entsprechend, mit einem anderen ordnungsgemäß geweihten Pflanzenöl salbt und dabei einmal folgende Worte spricht: ,Durch diese heilige

Salbung helfe dir der Herr in seinem reichen Erbarmen, er stehe dir bei mit der Kraft des Heiligen Geistes: Der Herr, der dich von Sünden befreit, rette dich, in seiner Gnade richte er dich auf.'"

Einführungswort der katholischen Bischöfe des deutschen Sprachraums: „Die Krankensalbung muss in den gläubigen Gemeinden wieder das eigentliche Sakrament der Kranken werden. Ihr Ansatzpunkt im Leben ist nicht das herannahende Ende: sie darf nicht als Vorbote des Todes erscheinen. Vielmehr will der Herr in diesem Sakrament dem kranken Menschen als Heiland im tiefsten Sinne des Wortes so begegnen, wie er es in seinem irdischen Leben mit Vorliebe getan hat. Der Heiland ist es, der in der Person des Priesters lindernd und stärkend dem Kranken die Hände auflegen und ihm die Aufrichtung schenken will, die der Kranke in dieser bedrückenden Lebenssituation braucht. Er will ihm beistehen in den Schmerzen, in der Ungeduld und Angst, in der menschlichen und religiösen Kraftlosigkeit und in dem inneren Aufbegehren, dem Glaubensdunkel, der Verdrossenheit und dem Zweifel oder auch der Abstumpfung und Verhärtung des Herzens gegenüber Gott. All diesen Anfechtungen soll ihre heilsbedrohliche Spitze genommen werden. Christus lädt den Kranken ein zur Teilnahme an seinem Leiden für das Heil der Welt. In der leibseelischen Krise, die jede schwere Erkrankung mit sich bringt, auch wenn sie noch lange nicht tödlich zu sein braucht, muss der Kranke dankbar sein für die Stärkung, die Christus ihm anbietet.

Das Sakrament der Krankensalbung soll daher in jeder ernsthaften Erkrankung, die eine Erschütterung des gesamtmenschlichen Befindens darstellt, empfangen werden. Deshalb muss endgültig mit der vielfach noch üblichen Praxis gebrochen werden, dafür erst die Anzeichen des herannahenden Todes abzuwarten."

Evangelische Seelsorge

Die evangelischen Kirchen stehen selbstverständlich den Kranken und Sterbenden seelsorgerlich bei. Kranke und vom Tod bedrohte Menschen sind eingeladen, mit ihren Angehörigen und Freunden, zu Hause oder im Krankenhaus, das Abendmahl zu feiern, um sich der Gemeinschaft mit Christus zu versichern. Neuerdings gewinnt in der evangelischen Seelsorge auch die Krankensegnung und -salbung wieder an Bedeutung.

„Die Krankensalbung ist eine von mehreren möglichen Formen der ganzheitlichen Verkündigung am Krankenbett, die die Gemeinde und ihre Glieder im Auftrag Christi praktizieren." (Agende für Evangelisch-Lutherische Kirchen, Bd. III, Teil 4)

Darüber hinaus sind jedoch keine besonderen Handlungen üblich, die dem Seelenheil des Sterbenden oder Verstorbenen zugute kommen sollen.

Nach dem Tod

Das Volk Gottes umfasst die Lebenden und die Toten. Katholische Christen glauben, dass es gut sei, für die Erlösung der Verstorbenen zu beten oder die von der Kirche Heiliggesprochenen um Fürbitte bei Gott zu bitten. Bei der Beerdigung in der katholischen Kirche steht neben der Predigt an die Trauergemeinde das kirchliche Handeln am Verstorbenen selbst im Mittelpunkt: Er wird gesegnet und für ihn wird gebetet. An Gedenktagen ist es oft üblich, eine Seelenmesse („Requiem") für den Verstorbenen zu halten.

Zweites Vatikanisches Konzil: „Die Einheit der Erdenpilger mit den Brüdern, die im Frieden Christi entschlafen sind, hört keineswegs auf, wird vielmehr nach dem beständigen Glauben der Kirche gestärkt durch die Mitteilung geistlicher Güter. Dadurch nämlich, daß die Seligen inniger mit Christus vereint sind, festigen sie die ganze Kirche stärker in der Heiligkeit, erhöhen die Würde des Gottesdienstes, den sie auf Erden Gott darbringt, und tragen auf vielfältige Weise zum weiteren Aufbau der Kirche bei. Denn in die Heimat aufgenommen und dem Herrn gegenwärtig, hören sie nicht auf, durch ihn, mit ihm und in ihm beim Vater für uns Fürbitte einzulegen, indem sie die Verdienste darbringen, die sie durch den einen Mittler zwischen Gott und den Menschen, Christus Jesus auf Erden erworben haben, zur Zeit, da sie in allem dem Herrn dienten und für seinen Leib, die Kirche, in ihrem Fleisch ergänzten, was an dem Leiden Christi noch fehlt. Durch ihre brüderliche Sorge also findet unsere Schwachheit reichste Hilfe." (KirchenKonstitution Nr. 49)

Katholische Bischöfe des deutschen Sprachgebietes (1972): „Beim Begräbnis erweist die Gemeinde dem Verstorbenen einen Dienst brüderlicher Liebe und ehrt den Leib, der in der Taufe Tempel des Heiligen Geistes geworden ist. Sie gedenkt dabei des Todes und der Auferstehung des Herrn, sie erwartet in gläubiger Hoffnung die Wiederkunft Christi und die Auferstehung der Toten. So ist die Begräbnisfeier Verkündigung der Osterbotschaft.

Das christliche Begräbnis ist ferner Anlass ernster Besinnung auf das Todesschicksal des Menschen, auf Gottes Gericht und Barmherzigkeit und auf die Erlösung. Da der Christ auch als Erlöster durch seine Sünde und sein Versagen Schuldner vor Gott geworden ist, versammelt sich die Gemeinde, um Fürbitte für den Verstorbenen einzulegen. Mit dem erhöhten Herrn bittet sie den Vater um Vergebung aller Schuld.

Die Gemeinde, besonders der Vorsteher, hat die Aufgabe, beim Begräbnis die Angehörigen in der Hoffnung zu stärken und sie durch christlichen Trost aufzurichten. So ist die ganze Feier in gleicher Weise Ausdruck von Trauer und Hoffnung.

Besondere Bedeutung kommt der Eucharistiefeier zu. In ihr gedenkt die Gemeinde des Todes und der Auferstehung des Herrn, in ihr sagt sie Dank für die Erlösung, feiert das Opfer Christi und legt Fürbitte für den Verstorbenen ein. Am Tisch des Herrn wird sie aufs tiefste auch mit dem Verstorbenen verbunden."

Auch evangelische Christen hoffen, dass die Verstorbenen „bei Gott" sind. Doch sind die evangelischen Kirchen mit weiteren Aussagen über das Geschick der Verstorbenen und mit kirchlichen Handlungen für deren Seelenheil sehr zurückhaltend. Es werden für sie keine Gottesdienste veranstaltet, und Heilige werden nicht um Hilfe angerufen.

Bei der Beerdigung in den evangelischen Kirchen wird den Leidtragenden Trost zugesprochen, indem die Auferweckung Jesu Christi verkündigt wird. Die Trauerfeier ist liebevolles Geleit und Aussegnung für den Verstorbenen. Nach altem Brauch wird hier für ihn ein *einmaliges* Fürbittegebet gesprochen.

RELIGIÖSE GRUNDHALTUNGEN

Wer ist fromm?

Frömmigkeit ist nach Ansicht vieler Männer „Frauensache". Für das Abendgebet mit den Kindern jedenfalls ist die Mutter zuständig: „Denn sie erzieht ja schließlich die Kinder." Und zu ihr kann man die Kinder auch schicken, wenn sie Fragen haben, die mit dem lieben Gott zusammenhängen. Doch wer sich hier vor der gemeinsamen Verantwortung drückt, macht sich nicht klar, dass Frömmigkeit noch etwas anderes ist als eine freundliche Kindheitserinnerung.

Frömmigkeit ist hier gemeint als eine Grundhaltung, in der sich der Glaube ausdrückt. Ihre vielfältigen Formen sind die Lebenszeichen des Glaubens, der Glaubenstradition, zu der eine Fülle von religiösen Verhaltensweisen, von Bräuchen und Gewohnheiten gehört. Zur Frömmigkeit gehören zwei Dimensionen: die „vertikale", nämlich die Beziehung zu Gott, und die „horizontale", das Verhalten zum Mitmenschen und zur Umwelt. Darum handeln im Grunde alle Glaubensfragen von der „Frömmigkeit". In diesem Kapitel werden einige Beispiele für die „vertikale" Dimension genannt, im nächsten Kapitel für die „horizontale".

Die traditionelle Frömmigkeit ist in beiden Kirchen in eine starke Krise geraten. Man spricht von der Entkirchlichung des Menschen, von den „säkularisierten" Zeitgenossen. Viele Menschen sagen von sich selbst, sie seien nicht religiös veranlagt.

Doch sollte daraus nicht zu schnell auf Unglaube und Abfall geschlossen werden. Glaube kann sich in ganz anderen, noch unerkannten Formen äußern. In den Versuchen vieler Menschen, dem Leistungs- und Konsumzwang unserer Gesellschaft zu widerstehen, im Drängen auf „Humanisierung" und Frieden, in manchen Sehnsüchten und im Suchen nach neuen Formen der Gesellschaft mag man religiöse Grundhaltungen erkennen.

Angesichts der so weltlich gewordenen Welt, in der viele Menschen anscheinend auch ohne bewussten Gottesglauben mehr oder weniger gut und glücklich leben, erscheinen katholischen wie evangelischen Christen die konfessionellen Besonderheiten der Frömmigkeit vielfach als zweitrangig. Tatsächlich sind katholische und evangelische Frömmigkeit einander in vielem verwandt. Wer an kirchlichen Handlungen der anderen Konfession teilnimmt, stellt oft erstaunt fest: „Das ist ja genau wie bei uns." Es sind auch neue, gemeinsame Formen entwickelt worden. Gemeinsame Gottesdienste und Andachten sind keine Seltenheit mehr. Die großen christlichen Feste feiern katholische und evangelische Christen in gleicher Weise. Viele geistliche Lieder gehören zum Besitz beider Kirchen, die Gemeinschaft im Gebet, vor allem beim Vaterunser, lässt konfessionelle Grenzen hinter sich.

> Vater unser im Himmel.
> Geheiligt werde dein Name.
> Dein Reich komme.
> Dein Wille geschehe,
> wie im Himmel, so auf Erden.
> Unser tägliches Brot gib uns heute.
> Und vergib uns unsere Schuld,
> wie auch wir vergeben unsern Schuldigern.
> Und führe uns nicht in Versuchung,
> sondern erlöse uns von dem Bösen. –
> Denn dein ist das Reich und die Kraft
> und die Herrlichkeit in Ewigkeit.
> Amen.
> (Die katholische Kirche fügt oft zwischen der letzten Bitte und dem Schlusssatz noch weitere Gebetswünsche ein.)

Typen konfessioneller Frömmigkeit

Trotz der Gemeinsamkeiten in der katholischen und der evangelischen Frömmigkeit bleibt nach wie vor manches fremd am anderen. Es gibt verschiedene „Grundstrukturen", die hier kurz erklärt werden sollen.

Katholisch

Die katholische Frömmigkeit ist in starkem Maße „kirchlich" geprägt. Die Kirche ist Mutter und bergende Mitte der Gläubigen. Sie ist das Ursakrament, durch das in mannigfachen Formen und Abstufungen Menschen und Dinge verwandelt und geheiligt werden. Mit ihrem Angebot heilsamer Gaben, mit ihrem priesterlichen Wirken und mit ihren Regelungen für das Leben der Gläubigen erfüllt und umfängt sie die Welt. Heilige Menschen, heilige Dinge, heilige Räume und heilige Zeiten vermitteln Begegnung mit dem göttlichen Wirken. Auf vielerlei Weise kann der Gläubige Anteil an der Wirklichkeit der Gnade erlangen, Bitten und Dank aussprechen. Die Kirche ist Verwalterin der göttlichen Geheimnisse; sie ist selbst Gegenstand der Ehrfurcht.

Höhepunkt der Frömmigkeit und allen kirchlichen Lebens ist die Feier der heiligen Eucharistie. Doch das kultische Handeln greift aus in den Alltag, sondert Räume und Dinge aus zum heiligen Gebrauch. Das Konzil lehrt: „Wenn die Gläubigen recht bereitet sind, wird ihnen nahezu jedes Ereignis ihres Lebens geheiligt durch die göttliche Gnade."

Das Leben des Gläubigen ist gleichsam von der Wiege bis zur Bahre begleitet von kirchlichen Handlungen. Es gibt zahlreiche Weihe- und Segenshandlungen; Autos, Häuser usw. werden „benediziert". In Deutschland nimmt zumal in den Städten diese Form der katholischen Volksfrömmigkeit ab; in den romanischen Ländern oder in Polen spielt sie noch immer eine große Rolle.

Etliche Bräuche und Ausdrucksformen, welche die persönliche katholische Frömmigkeit prägen, entstammen der Vorstellung, dass der Mensch dem gnädigen Handeln Gottes durch gute Werke gleichsam entgegenkommen könne. Buß- und Bittgänge, Wallfahrten und Prozessionen, Ablässe, Beten und Fasten können dabei sowohl Ausdruck von Reue und Vertrauen sein, wie sie zugleich als religiöse Leistung erscheinen können, um vor Gott gerecht zu werden.

Evangelisch

Dem Protestanten gilt die Kirche nicht so sehr als „Mutter", die Geborgenheit gibt. Sie ist nicht Gegenstand der Verehrung, sondern eher „Wegweiserin" zum auferstandenen Christus, Sammlung derer, die unter und von seinem Wort leben.

Der evangelische Christ weiß sich eingebunden in die Kirche als Gemeinschaft, in welcher der Glaube empfangen und gelebt wird; doch der Kirche als Institution kommt nicht eine eigene Würde oder gar göttliche Qualität zu. Diese Haltung ist vor allem dadurch begründet, dass nach evangelischem Verständnis Gott dem Glaubenden weniger im „priesterlichen" Wirken, als vielmehr im verkündigten Wort begegnet, so dass auch die evangelische Frömmigkeit sich auf das Hören und Bezeugen des Wortes Gottes in der Bibel und oft auf das Gebet als einem freien Sprechen mit Gott konzentriert.

Der sonntägliche Gottesdienst gilt zwar auch hier als Hauptveranstaltung der christlichen Gemeinde. Doch wird nicht wie in der katholischen Kirche vorausgesetzt, kein anderes Tun der Kirche erreiche nach Rang und Maß die Wirksamkeit des Gottesdienstes und in ihm die des Abendmahls. Im Gottesdienst der Gemeinde wie in der persönlichen Frömmigkeit des einzelnen stellt sich ohne Rangunterschied die evangelische Frömmigkeit traditionell als ein Hören dar, als Umgang mit dem biblischen Wort. Gebet und christliches Handeln sind die Antwort.

Die Vorstellung eines als Buße auferlegten Gebetes ist dem evangelischen Christen fremd. Fremd ist ihm auch jene Frömmigkeit, die um Gelübde, um Reliquien und geweihte Gegenstände („Devotionalien") kreist, deren Bezug zum christlichen Glauben für ihn nicht erkennbar wird.

Ein katholischer Christ wird die evangelische Frömmigkeit als karg empfinden. Ihr Akzent liegt auf dem persönlichen Gottvertrauen, stärker auf der ‚Gesinnung' als auf der ‚Kirchlichkeit'. Lesungen, Auslegungen, Gebet und Gesang bestimmen die Andachtsformen. Auch im Mittelpunkt der häuslichen Frömmigkeit steht die Bibel. Einen besonderen Typus traditioneller evangelischer Frömmigkeit stellen die Gebetsgemeinschaften dar; auch die ‚Bibelstunde' bildet ein Charakteristikum. Der „laientheologische" Zug hat die evangelische Kirchlichkeit stark mitbestimmt, wie die Nichttheologen ja auch an der geistlichen wie weltlichen Leitung der Kirche beteiligt sind. Als ‚typisch evangelisch' kann auch die Weise verstanden werden, in welcher der Karfreitag begangen wird. Oft als der ‚höchste' evangelische Feiertag bezeichnet, kulminiert in ihm die Passionsfrömmigkeit, in der die Kreuzestheologie der Reformation ihren Ausdruck gefunden hat – mit der Fülle der Andachtsformen, auch der musikalischen, bis hin zur Matthäuspassion Bachs.

Die „Wort"- und „Kreuzes"-Frömmigkeit hatte freilich bisweilen eine puritanisch-protestantische Haltung zur Folge, die sich als sauertöpfische Verteufelung menschlicher Freuden und als bilderstürmerisches Eifern gegen jeden sinnenfälligen Ausdruck des Glaubens äußerte. Sieht man in manchen katholischen Frömmigkeitsübungen die Gefahr des religiösen Leistungsdenkens, so kann andererseits das reformatorische ‚allein durch Gnade' zum Vorwand protestantischer Trägheit werden.

Wenn die evangelischen Kirchen katholische Bräuche wie die Ohrenbeichte, Fastengebote, Ablässe, Prozessionen, Wallfahrten, Segnungen und anderes mehr nicht übernommen haben, so zeigt sich darin nicht nur ein Hang zum Nüchternen und Schlichten, demgegenüber die katholische Kirche (auch aus pädagogischen Motiven) mehr Sinn für das Feierliche und Heilige bewahrt hat. Dieses „Defizit" rührt vielmehr von der reformatorischen Konzentration auf Jesus Christus her, wie er in der Bibel bezeugt wird. Das „Wort vom Kreuz", wie Paulus sagt, lässt sich nach evangelischer Auffassung eben nicht in einem Komplex religiöser Systeme, frommer Sitten und heiliger Handlungen integrieren. Ob der Protestantismus seinem Prinzip treu geblieben ist oder nicht doch aus dem Hören des Wortes oft genug einen Predigtkult gemacht hat, ist sicher eine berechtigte Kritik.

Bei näherem Betrachten der konfessionellen Frömmigkeit sieht man also, dass nicht einfach zwischen kirchlicher Lehre und praktischer Frömmigkeit getrennt werden kann. Es handelt sich oft nur um zwei Seiten derselben Sache, wenn einerseits über Lehrformeln und andererseits über fromme Sitten debattiert wird. Ob diese Unterschiede kirchentrennend wirken, ist eine andere Frage. Das Thema Frömmigkeit gehört darum auf die Tagesordnung der Ökumene.

> Religionswissenschaftler weisen darauf hin, dass die christlichen Frömmigkeitstypen in anderen Religionen und Weltanschauungsgruppen ihre Parallele haben. Mit Hilfe der Religionssoziologie und Anthropologie unterscheiden sie „idealtypisch" einen „urbanisierenden", einen „nomadisierenden" und einen „spiritualisierenden" Typ. Im Bensheimer Heft Nr. 52

„Konfessionswechsel heute" (von *Reinhard Frieling*) werden die ersten beiden zusammengefasst:

„Den *urbanisierenden* Typ kennzeichnet Sesshaftigkeit. Er bindet sich an eine Institution, um einen fest umgrenzten Kultverband, der seine Sehnsucht nach Geborgenheit und Heimat sakramental stillt und der nicht erst auf Legitimität hin befragt werden muss. Dieser gesellschaftliche Typ hat ein starkes Integrationsvermögen, das verschiedene Auffassungen zu verschmelzen vermag. Er besitzt ein vertrauenerweckendes Ordnungsgefüge, das Überlieferung, Dogmen, unveränderbare Sittengesetze, hierarchische Strukturen, Kollektivbewusstsein, die Würde der einzelnen Person, Autorität und Freiheit, Recht und Liebe miteinander verbindet. Beispielsweise in indischen Kasten, in afrikanischen Stämmen und in verschiedenen politischen Ideologien hat der urbanisierende Typ Gestalt gefunden. In der Christentumsgeschichte brachte er ein imposantes katholisches Kirchengebilde hervor.

Der *nomadisierende* Typ ist stark individualistisch geprägt, er zeichnet sich durch Mobilität, Offenheit und Diesseits-Orientierung aus. Er muss gestalten, verändern, improvisieren. In seinen Gemeinschaftsformen kommt er mit ganz wenigen Steuerungselementen aus. Historisch aufweisbar ist er in allen Reformbestrebungen gegen verfestigte Strukturen, in sozial-revolutionären Strömungen, im marxistisch-maoistischen Modell permanenter Revolutionen, in den Reformationen des 15. und 16. Jahrhunderts, im sogenannten ‚protestantischen' Menschen.

Diese Idealtypen gibt es nirgends in Reinkultur. Jede Konfession und wohl auch jeder Christ hat in sich ein Stück von beiden Frömmigkeitstypen. Aber es ist aufschlussreich, zu sehen, dass in den christlichen Konfessionen sich diese Typen wiederfinden, die man phänomenologisch betrachtet auf allgemeine anthropologische und soziologische Grundphänomene zurückführen kann, nicht etwa nur auf theologische! Es geht bei der gedanklichen Hilfskonstruktion, von ‚Idealtypen' zu sprechen, also weniger um die Behauptung, das ‚Urbanisieren' sei etwas ‚typisch Katholisches' und das ‚Nomadisieren' etwas ‚typisch Protestantisches'; vielmehr geht es um die Einsicht, dass das Konfessionsspezifische nicht nur theologisch verrechnet und erklärt werden kann, sondern dass auch die theologischen Gegensätze von anthropologischen und sozialpsychologischen Voraussetzungen geprägt sind. Was diese Einsicht für die Theologie und die Ökumene bedeutet, ist noch längst nicht ausdiskutiert: Sicherlich kann man nicht mit Hilfe der Religionssoziologie die ökumenische Einheitsfrage als erledigt ansehen und den Status quo getrennter Konfessionen für unabänderlich halten, weil sich hier eben soziologische Grundtypen verfestigt hätten. Die Konfessionen selbst verstehen sich ja nicht als Produkte einer anthropologischen und sozialpsychologischen Vielfalt, sondern sprechen sich gegenseitig mit Berufung auf denselben Gott und Christus in einigen Lehren das wahre Christ- und Kirchesein ab. Es könnte jedoch der ökumenische Dialog über die Wahrheitsfrage wesentlich entkrampft werden, wenn stärker als bisher Glaubensentscheidungen von Christen und Kirchen – also Bekenntnisse, ‚Konfessionen‘, – im Kontext anthropologischer Grunddaten gesehen werden.‟

Wir können uns die Typen konfessioneller Frömmigkeit an zwei Beispielen verdeutlichen: der Heiligenverehrung und der Beichtpraxis.

„Heilige Maria, bitte für uns‟

Dass die katholische Frömmigkeit in stärkerem Maße als die evangelische auf die Kirche selbst bezogen ist, zeigt die Heiligenverehrung.

Katholische und evangelische Christen sprechen von der Gemeinschaft der Heiligen. Das ist die Zahl derer, die Gott in seine Gemeinschaft genommen hat, sie umfasst also die verstorbenen und die lebenden Christen. In der Bibel begegnen die „Heiligen‟ als Selbstbezeichnung der Christen.

Katholisch

Die katholische Kirche betont in Angleichung an die Menschwerdung und Auferstehung Jesu Christi das enge Miteinander von irdischer und himmlischer Kirche. Die endgültige Zahl der Heiligen ist nur Gott bekannt. Aber seit dem 10. Jahrhundert spricht der Papst nach langwierigen Prozessen einzelne besonders vorbildliche Christen „selig‟ und dann „heilig‟ und bezeugt damit die Gewissheit, dass diese Verstorbenen jetzt bei Gott im Himmel sind.

Die *Seligsprechung* bedeutet, dass dem Betreffenden an einem bestimmten Ort ein öffentlicher Kult erwiesen werden darf. Die *Heiligsprechung* setzt die Seligsprechung voraus und bedeutet, dass nun der oder die Betreffende in der ganzen katholischen Weltkirche „zur Ehre der Altäre‟ erhoben wurde. „Nach Ansicht der Theologen ist die Kirche in diesem Urteil unfehlbar" (Lexikon für Theologie und Kirche). Voraussetzung für die Seligsprechung sind eine jahrelange öffentliche Verehrung für diesen Christen, seine Tugendhaftigkeit während des irdischen Lebens und der Nachweis, dass Gott durch ihn Wunder gewirkt hat. Selige und Heilige dürfen verehrt und um Fürbitte angerufen werden. Eine Pflicht des einzelnen Katholiken oder eine Heilsnotwendigkeit der Heiligenverehrung lehrt die katholische Kirche nicht.

Die katholische Volksfrömmigkeit wird durch die Heiligenverehrung auf vielfache Weise bestimmt: seien es die zahlreichen Heiligenfeste, das Patronatswesen in den Kirchen, die künstlerische Gestaltung von Heiligenfiguren oder Heiligenbildern, der marianische Madonnenkult, die Wallfahrtszentren oder das Gebetsleben.

> *Zweites Vatikanisches Konzil:* „Im Leben derer, die, zwar Schicksalsgenossen unserer Menschlichkeit, dennoch vollkommener dem Bilde Christi gleichgestaltet werden, zeigt Gott den Menschen in lebendiger Weise seine Gegenwart und sein Antlitz. In ihnen redet er selbst zu uns, gibt er uns ein Zeichen seines Reiches, zu dem wir, mit einer so großen Wolke von Zeugen umgeben und angesichts solcher Bezeugung der Wahrheit des Evangeliums, mächtig hingezogen werden.
>
> Aber nicht bloß um des Beispiels willen begehen wir das Gedächtnis der Heiligen, sondern mehr noch, damit die Einheit der ganzen Kirche durch die Übung der brüderlichen Liebe im Geiste gestärkt werde. Denn wie die christliche Gemeinschaft unter den Erdenpilgern uns näher zu Christus bringt, so verbindet auch die Gemeinschaft mit den Heiligen uns mit Christus, von dem als Quelle und Haupt jegliche Gnade und das Leben des Gottesvolkes selbst ausgehen. So ziemt es sich also durchaus, diese Freunde und Miterben Christi, unsere Brüder und besonderen Wohltäter, zu lieben, Gott für sie den schuldigen Dank abzustatten, ‚sie hilfesuchend anzurufen und zu ihrem Gebet, zu ihrer mächtigen Hilfe Zuflucht zu nehmen, um Wohltaten zu erflehen von Gott durch seinen Sohn Jesus Christus, der allein unser Erlöser und Retter ist'. Jedes echte Zeugnis unserer Liebe zu den Heiligen zielt nämlich seiner Natur nach letztlich auf Christus, der ‚die Krone aller Heiligen' ist, und durch ihn auf Gott, der wunderbar in seinen Heiligen ist und in ihnen verherrlicht wird." (Kirchen-Konstitution Nr. 50)

Maria hat in der katholischen Frömmigkeit als Mutter Jesu, als „Gottesmutter", den Vorrang vor allen himmlischen und irdischen Kreaturen. Ihr kommt nach Christus der höchste Platz zu. Durch Glauben und Gehorsam hat sie am Heil der Menschen mitgewirkt. Sie hat sich im mütterlichen Geist mit dem Opfer ihres Sohnes verbunden. Sie ist „Bild und Anbeginn der in der kommenden Weltzeit zu vollendenden Kirche" (II. Vatikanum). Dem Gläubigen ist sie Fürsprecherin, Helferin, Beistand und Mittlerin. Ihre unbefleckte (sündlose) Empfängnis („immaculata") im Schoße ihrer Mutter, der Heiligen Anna, wurde 1854, ihre „leibliche" Aufnahme in den Himmel 1950 dogmatisiert. Maria ist so vor allen Geschöpfen dadurch ausgezeichnet, dass sie ohne Erbsünde war („Erst-Erlöste") und dass nicht nur ihre Seele bei Gott ist, sondern sie leiblich in den Himmel aufgenommen wurde („Voll-Erlöste").

Marias Stellung in der Heilsgeschichte hängt ganz vom erlösenden Handeln ihres Sohnes Jesus Christus ab. Ihre Verehrung ist „so zu verstehen, dass sie der Würde und Wirksamkeit Christi, des einzigen Mittlers, nichts abträgt und nichts hinzufügt" (Kirchen-Konstitution Nr. 62). Die „Mutterschaft Marias in der Gnadenökonomie dauert unaufhörlich fort". „In den Himmel aufgenommen, hat sie diesen heilbringenden Auftrag nicht aufgegeben, sondern fährt durch ihre vielfältige Fürbitte fort, uns die Gaben des ewigen Heils zu erwirken." (Kirchenkonstitution Nr. 62)

Ave Maria
Gegrüsset seist du, Maria, voll der Gnade,
der Herr ist mit dir, du bist gebenedeit unter den Frauen
und gebenedeit ist die Frucht deines Leibes, Jesus.
Heilige Maria, Mutter Gottes, bitte für uns Sünder
jetzt und in der Stunde unseres Todes. Amen.

Salve Regina
Sei gegrüsst, o Königin, Mutter der Barmherzigkeit, unser Leben, unsere Wonne und unsere Hoffnung, sei gegrüsst! Zu dir rufen wir verbannte Kinder Evas, zu dir seufzen wir trauernd und weinend in diesem Tal der Tränen. Wohlan denn, unsere Fürsprecherin, wende deine barmherzigen Augen uns zu und nach diesem Elende zeige uns Jesus, die gebenedeite Frucht deines Leibes. O gütige, o milde, o süße Jungfrau Maria.

O meine Gebieterin
O meine Gebieterin, o meine Mutter, dir bringe ich mich ganz dar, und um dir meine Hingabe zu bezeigen, weihe ich dir

heute meine Augen, meine Ohren, meinen Mund, mein Herz, mich selber ganz und gar. Weil ich also dir gehöre, o gute Mutter, bewahre mich, beschütze mich als dein Gut und Eigentum. Amen.

Unter deinen Schutz

Unter deinen Schutz und Schirm fliehen wir, heilige Gottesmutter. Verschmähe nicht unser Gebet in unseren Nöten, sondern errette uns jederzeit aus allen Gefahren, o du glorwürdige und gebenedeite Jungfrau, unsere Frau, unsere Mittlerin, unsere Fürsprecherin. Führe uns zu deinem Sohne, empfiehl uns deinem Sohne, stelle uns vor deinem Sohne. Amen.

Evangelisch

Auch evangelische Frömmigkeit kennt Menschen, die als besonders glaubwürdige Zeugen Jesu erscheinen, und verweist auf ihr Beispiel. Doch als authentisches Vorbild erkennt sie *allein* Christus an. Sie akzeptiert kein menschliches Urteil über die Heiligkeit einer Person. Sie gedenkt der Verstorbenen, doch sie vollzieht keine heiligen Handlungen zu ihren Gunsten.

Die biblische Gestalt Mariens findet in der evangelischen Frömmigkeit ihren Platz im Zusammenhang des Weihnachtsgeschehens. Hier wird ihre Rolle als „Werkzeug" Gottes bei der Geburt des Gottessohnes Jesus Christus gewürdigt. Auch findet Beachtung, dass Maria zu denen gehörte, die Jesu Sterben begleiteten und später zur Urgemeinde zählten. Darüber hinaus hat sie für den Glauben keine Bedeutung. Das erste sogenannte Mariendogma der Alten Kirche (Ephesus 431) war ein Christusdogma, denn Maria bekam den Titel „Gottesgebärerin" (Theotokos), um die Gottheit Jesu Christi zu betonen. Dem stimmen die evangelischen Kirchen zu. Wenn aber von daher mit dem Titel „Gottesmutter" Maria eine matriarchalische Rolle in der Heilsgeschichte (auf Erden und vom Himmel aus) zugeschrieben wird, die ihr eine Würde als Mutter der Gläubigen und Mutter der Kirche einräumt, wird typologisch etwas von Maria gesagt, was evangelische Christen von Christus und vom Heiligen Geist glauben. Die katholischen Mariendogmen, die Marienverehrung und der Glaube, Heilige würden als Nothelfer und Schutzpatrone vom Himmel aus Wohltaten und Wunder bewirken, stehen in diesem Sinne sowohl dem ‚allein die Schrift' als auch dem ‚Christus allein' der Reformation entgegen. Sie bilden eines der Hindernisse für die evangelisch-katholische Verständigung.

Evangelische Christen können schwerlich die Versicherung katholischer Theologen annehmen, die Heiligen- und Marienverehrung solle nur das Geheimnis Christi und der Kirche verdeutlichen. Der evangelischen Konzentration auf Christus allein widerspricht die Mittlerfunktion von Maria und anderer Heiligen. Martin Luther, der im Blick auf das biblische Marienbild ein inniger Marienverehrer war, sagte über die weitere theologische Bilder- und Symbolsprache bezüglich der „unbefleckten Empfängnis" und der „leiblichen Aufnahme Mariens in den Himmel": „Mag denken jedermann, was er will, aber doch, dass er keinen Artikel des Glaubens daraus mache."

Es ist der evangelischen Frömmigkeit auch fremd, im Gebet zu Gott oder zu Christus einen weiteren Fürsprecher anzurufen. Die katholische Unterscheidung, die Heiligen würden nicht „angebetet", sondern nur „angerufen" und verehrt, ist dem Protestanten unverständlich. Sein Gebet richtet sich ausschließlich an den dreieinen Gott; zwischen Anrufung und Anbetung wird dabei nicht unterschieden. In der evangelischen Kirche gibt es deshalb keine Altäre, die Heiligen geweiht sind, kein Patronatswesen und keinen Madonnenkult. Befremdend für evangelische Christen ist es auch, wenn etwa „Deutschland" und alle hier lebenden Menschen der Maria „geweiht" werden; hier begegnet neben der Bitte um „Fürbitte" die „Weihe", die unter anderem auch eine Art Übereignung darstellt.

> *Augsburger Bekenntnis (1530):* „Vom Heiligendienst lehren wir, dass man der Heiligen gedenken soll, auf dass wir unsern Glauben stärken, wenn wir sehen, wie ihnen Gnade widerfahren und wie ihnen durch den Glauben geholfen ist; auch soll man an ihren guten Werken sich ein Beispiel nehmen, ein jeder nach seinem Beruf ... Durch die Schrift aber kann man nicht beweisen, dass man die Heiligen anrufen oder Hilfe bei ihnen suchen soll. ‚Denn es gibt nur einen einzigen Versöhner und Mittler zwischen Gott und den Menschen, Jesus Christus' (l. Tim. 2)."

Müssen wir beichten?

„Katholiken müssen zur Beichte gehen, wir nicht. Sie können sündigen, beichten dann, und alles ist wieder gut." Solche selbstgerechten und boshaften Bemerkungen von evangelischer Seite empfinden katholische Christen zu Recht als Beleidigung. Wer die ernsthaften Motive für die katholische Beichtpraxis kennt, kann so nicht reden.

Beichten heißt Sünden bekennen. Nach katholischer und evangelischer Lehre bewirkt der Glaube an Gott, dass der Mensch seine Sünden erkennt, dass er sie bereut und Gott bekennt, dass er sich Besserung vornimmt und versucht, geschehenes Unrecht wieder gut zu machen. Man nennt das alles zusammen auch Buße, in der katholischen Kirche „Bußsakrament".

> Die *Gemeinsame Synode der katholischen Bistümer in der Bundesrepublik Deutschland* stellte das Bußsakrament in einen größeren Zusammenhang mit anderen Formen der Sündenvergebung wie die Eucharistiefeier und Bußandachten:
> „Gebet, Lesung der Heiligen Schrift, gläubiges Hören auf Gottes Wort, Mitfeier der Eucharistie, Werke der Nächstenliebe und Formen des Verzichtes, Aussöhnung mit anderen. Wo immer wir uns von unserer Schuld abwenden und uns um den Willen Gottes mühen, treffen wir auf seine Versöhnungsbereitschaft."

Dem einseitigen ‚negativen‘ Verständnis von Buße im Sinne von Strafe, Sühne und sittlichen Bußwerken, wie es im kirchlichen Bewusstsein weit verbreitet war, und einer gewissen Gesetzesfrömmigkeit gegenüber sollen Gnade und Versöhnung durch Christus stärker betont werden. Das Bußsakrament heißt in offiziellen Texten jetzt „Feier der Versöhnung". Sie wird gewissermaßen entprivatisiert und mehr als bisher auf Kirche, Gemeinschaft und Gottesdienst bezogen.

Der Gläubige trifft auf eine sakramentale Staffelung: in den *nichtliturgischen Bußformen* auf Gottes „Vergebungsbereitschaft", im *Bußgottesdienst* dank der Fürbitte der Kirche auf Vergebung und Heilsvermittlung und im *Bußsakrament* auf die persönliche Lossprechung durch den Priester – „die einzige ordentliche Weise, in der Kirche Versöhnung mit Gott zu finden".

Die katholische Kirche geht davon aus, dass die Sünde wirklich gesagt und bekannt werden muss. Als Hörender ist in Stellvertretung Gottes der Priester als „Beichtvater" zuständig. Ein Katholik soll wenigstens einmal im Jahr zur Beichte gehen. Er durchforscht dabei sein Gewissen und fragt sich, etwa anhand der Zehn Gebote oder eines vorgedruckten „Beichtspiegels", wo und wie er gesündigt hat. Im Beichtstuhl in der Kirche zählt er dem Priester seine Verfehlungen auf. Beichtender und Priester sind dabei durch eine dünne Wand getrennt, damit das „Beichtkind" unerkannt bleibt. Man spricht darum von „Ohrenbeichte". Das Bekenntnis „sei ruhig, kurz und klar", heißt es in einem katholischen Katechismus.

„Hegt man über etwas einen Zweifel, fragt man vertrauensvoll den Beichtvater, beantwortet aber auch ruhig und sachlich die Fragen, die der Beichtvater zur Vervollständigung des Bekenntnisses stellen muss. Nach dem Bekenntnis spricht der Beichtvater einige Worte der Aufmunterung, gibt eine Buße auf (in Form von Gebeten, Almosen, Fasten usw.) und erteilt eine Lossprechung mit den Worten: ‚Ich spreche dich los von deinen Sünden im Namen des Vaters und des Sohnes und des Heiligen Geistes. Amen.' Mit dem Segensgruß: ‚Gelobt sei Jesus Christus' wird der Beichtende entlassen. Müsste der Beichtvater erkennen, dass eine ernste Reue oder der Wille zur Besserung nicht vorhanden ist, könnte er die Lossprechung nicht erteilen, sondern müsste die Sünden behalten." (E. Ming, Grundfragen der katholischen Glaubenslehre, Freiburg 1968, 93).

Im Vergleich zum evangelischen Verständnis von Beichte und Buße ist für die katholische Lehre zweierlei hervorzuheben:

a) In der katholischen Kirche ist das Lossprechen von den Sünden (die „Absolution") dem geweihten Priester vorbehalten. Er handelt an Gottes Stelle (*„Ich spreche dich los ..."*).

b) Das Bußsakrament bewirkt Vergebung der Schuld und Befreiung von der ewigen Verdammnis in der Hölle. Bestehen bleiben jedoch noch die Schuldfolgen, seien es von der Kirche auferlegte Bußen oder von Gott in diesem Leben oder im Fegefeuer verhängte Sündenstrafen.

Ablass

Im Zusammenhang mit dem Bußsakrament ist die im Mittelalter aufgekommene Ablassfrömmigkeit zu nennen. Sie beruht auf der soeben (b) erwähnten Unterscheidung von Schuld und Strafe. Gott vergibt Schuld und befreit von ewiger Höllenstrafe; aber verbleibende „zeitliche Sündenstrafen" müssen noch vom Menschen in diesem Leben oder im „Fegefeuer" (also auf dem Weg in den Himmel) abgebüßt werden. Ablass bedeutet: Die Kirche beruft sich in ihrer Fürbitte für den Büßenden auf den Schatz der „überschüssigen guten Werke Christi und der Heiligen", und sie lässt im Namen Gottes aufgrund dieses Schatzes die zeitlichen Sündenstrafen nach. Voraussetzung dafür sind die ehrliche Reue des Büßenden und bestimmte, für einen Ablass vorgeschriebene gute Werke. Für einen vollkommenen Ablass gelten folgende Bedingungen: „Empfang des Heiligen Bußsakraments und der heiligen Eucharistie, sowie Gebet nach Meinung des Heiligen Vaters (Gebet freier Wahl oder ein ‚Vater unser' und ein ‚Gegrüsset seist du, Maria')" (Römisches Ablassbuch von 1968, Nr. 7). Am Tag Allerseelen (2. November) kann auch ein Ablass für die Verstorbenen gewonnen werden.

Im mitteleuropäischen Katholizismus spielt die Ablasspraxis heute keine große Rolle mehr. Lehrmäßig ist das Problem, das 1517 die Reformation ausgelöst hatte, trotz der Abschaffung der großen Missstände des Ablasses jedoch noch nicht ausgeräumt. Das Schreiben von Papst Johannes Paul II. „Incarnationis mysterium" (1998), welches einen Ablass im „Heiligen Jahr 2000" behandelt, wirkt ökumenisch desillusionierend.

Allgemeine Beichte in der evangelischen Kirche

In den evangelischen Kirchen werden Beichte und Buße anders praktiziert als in der katholischen Kirche. Luthers erste der 95 Thesen lautete: „Wenn unser Herr und Meister Jesus Christus spricht: ‚Tut Buße' usw., so hat er gewollt, daß das ganze Leben der Gläubigen Buße sein soll." Im Laufe der Zeit haben die evangelischen Kirchen jeden kirchenrechtlichen Druck zur Beichte und zum Aufzählen der Sünden sowie die Bindung an bestimmte Amtspersonen und Einrichtungen abgeschafft. Zur „Einzelbeichte", d. h. zum Gespräch mit dem Seelsorger, wird jedoch auch in den evangelischen Kirchen eingeladen. Hier kann der einzelne persönlich beichten und Gottes Vergebung zugesagt bekommen. Da die evangelischen Kirchen ein allgemeines Priestertum, nicht aber ein besonderes kennen, kann grundsätzlich jeder Christ zum Beichtvater werden, vor dem eine Schuld bekannt wird und der dann Gottes Vergebung zuspricht. Als kirchliche Handlung findet die Beichte vor allem innerhalb des Gottesdienstes in Form eines allgemeinen Sündenbekenntnisses und des Zuspruchs der Vergebung durch Gott statt.

Für die Sündenvergebung kennt der evangelische Christ keine andere Garantie als die Zusage Gottes, dass derjenige immer wieder mutig von vorn anfangen darf, der sich auf Gottes Liebe verlässt. Die Zuordnung von „Vergebung der Schuld" und „bleibender Strafe" oder die von „ewiger Höllenstrafe" und „zeitlicher Sündenstrafe" ist in den evangelischen Kirchen unbekannt. Für vergebene Sünden verhängt Gott nach evangelischer Auffassung nicht noch Strafen, für die die Kirche einen Nachlass gewähren könnte. Die Kirche hat keinen „überschüssigen Schatz von guten Werken Christi", aus dem sie einen „Ablass" gewähren könnte; und „gute Werke" versöhnen nicht mit Gott.

> *Luther* in der 36. seiner 95 Thesen: „Jeder Christ ohne Ausnahme, der wahrhaft Reue empfindet, hat völlige Vergebung von Strafe und Schuld, die ihm auch ohne Ablassbriefe gebührt."

> Der katholische *Holländische Katechismus* erläutert als den „tiefsten Unterschied" zwischen evangelischem und katholischem Glauben die Sündenvergebung in der Beichte folgendermassen (vielen evangelischen Christen ist freilich die Redeweise vom „innerlichen Zeichen Gottes" und von der „innerlichen Erfahrung" fremd!):
> „Für den Katholiken ist die Beichte eine wahrnehmbare Garantie von Seiten Gottes (selbst in dem Fall, dass der Beichtvater ein tief gefallener Sünder wäre). Der reformatorische Christ sucht die Gewissheit der Vergebung in einem innerlichen Zeichen Gottes. Das Wunderliche dabei ist, dass der Katholik, der gar nicht so auf die innerliche Erfahrung aus ist, gerade durch diese Selbstverständlichkeit oft in großem Maße die Erfahrung von Frieden und Ruhe macht, wohingegen jene, die die Sicherheit in der inneren Erfahrung suchen, diesen Frieden oft nur in beschränktem Maß bekommen. Doch was für ein christlicher Tiefgang in diesem unruhigen Fragen nach einem

Zeichen Gottes! Das schafft andere Menschentypen. Die Reformation hat ihre Leute aufmerksamer, persönlicher, aber auch unruhiger (und bisweilen auch düsterer) gemacht. In der katholischen Kirche kann der Friede ganz menschlich und selbstverständlich sein, mit der Gefahr, dass man zu gemächlich wird im Umgang mit Gott, Menschen und Dingen."

Buße, gute Werke und die Rechtfertigung

Im Gegensatz zum Buß- und Ablasswesen war Martin Luther 1517 zu der Erkenntnis gekommen, weder gute Werke noch irgendwelche geistlichen Leistungen könnten den Menschen vor Gott rechtfertigen. Gott nehme den Menschen „allein aus Gnaden durch den Glauben" an. Eine menschliche Mitwirkung bei der Erlösung sei völlig ausgeschlossen.

Auch die katholische Kirche lehrt heute die Rechtfertigung „allein aus Gnaden durch den Glauben". Freilich spielt bei der Vermittlung der Gnade und des Glaubens „die Kirche" selbst eine größere Rolle, und nach der „zuvorkommenden" Gnade Gottes wird vom Menschen noch eine „Mitwirkung mit Gott" beim Erlösungswerk erwartet.

Der *Evangelische Erwachsenenkatechismus (1975)* beschreibt, wie das Rechtfertigungsgeschehen (= „die Anerkennung durch Gott") Gnade und Geschenk ist und was es beim Menschen bewirkt. Der Katechismus entfaltet, dass die evangelische und die katholische Kirche hier die Akzente anders setzen:

„Die römisch-katholische Theologie betont die Mitwirkung des Menschen, sie versteht dies aber nicht als eine Ergänzung des Handelns Gottes, sondern als gehorsames Mittun des Menschen, als aktive Empfangsbereitschaft für Gott. Wenn evangelische Theologen demgegenüber das ‚allein aus Gnade' hervorheben, so wissen sie doch auch, dass die Rechtfertigung nicht ohne den Menschen geschieht, der ja durch Gott zur eigenen Antwort befreit wird.

Viele evangelische und katholische Theologen sind heute der Meinung, dass die Rechtfertigungslehre die beiden Kirchen nicht mehr zu trennen brauche, sondern dass eine Einigung in dieser Frage möglich sei. Die Auffassung beider Kirchen schließen sich hier nicht aus; sie decken sich zwar nicht, aber sie sind füreinander offen. Die Unterschiede, die trotz dieser Annäherung noch bestehen, beziehen sich vor allem auf die Stellung der Rechtfertigungslehre im Leben der Kirche. Wo die Rechtfertigungslehre die Mitte des christlichen Glaubens bezeichnet – wie dies im evangelischen Raum geschieht –, prägt sie die kirchliche Praxis, z. B. als persönlicher Zuspruch der Gnade Gottes in Predigt und Seelsorge. Wo sie – wie in der römisch-katholischen Kirche – diese hervorgehobene Stellung nicht einnimmt, kann sie auch die kirchliche Praxis nicht so prägen; hier kommt Rechtfertigung mehr als ein Erziehungsprozess durch die Kirche zum Tragen." (431 f)

Wenn es um „Rechtfertigung" allein geht, ist ein einmütiges evangelisch-katholisches Zeugnis möglich. Wenn jedoch das Verhältnis der Rechtfertigungsbotschaft zum Kirchen-, Sakraments- und Amtsverständnis zur Debatte steht, bestehen noch erhebliche Unterschiede.

Dieses Urteil wird auch in der katholisch-lutherischen „Gemeinsamen Erklärung zur Rechtfertigungslehre" bestätigt (1999 feierlich in Augsburg durch den Vatikan und den Lutherischen Weltbund unterzeichnet). Der künftige Dialog soll im Lichte des Gemeinsamen die Unterschiede neu beleuchten und bewerten. Das Bedeutsame an dieser Erklärung ist die Feststellung, es bestehe ein „Konsens in den Grundaussagen" bezüglich des Verständnisses des Evangeliums. Im Lichte dieser Erkenntnis könnten die Lehrverurteilungen in der Reformationszeit nicht mehr auf die Lehren der heutigen Kirchen bezogen werden, vielmehr müsse mit diesem Grundkonsens jetzt geprüft werden, ob die Unterschiede Ausdruck einer legitimen Vielfalt sein können und wie die Kirchen trotz gegensätzlicher Lehren miteinander als Glieder des „Leibes Christi" umgehen.

Vor allem aber ist es die gemeinsame Aufgabe, aus der vertikalen Orientierung des Glaubens, nämlich der Gerechtigkeit des Menschen durch Gottes erlösendes Wirken in Jesus Christus, Konsequenzen zu ziehen für die horizontale Orientierung im Wirken für mehr Gerechtigkeit, Frieden und Versöhnung in der Welt.

WIR GESTALTEN DIE WELT

Ging es im vergangenen Kapitel um die „vertikale" Dimension der christlichen Frömmigkeit, so geht es jetzt um die „horizontale" Ausrichtung des Glaubens als einem vor Gott verantwortlichen Leben. In der katholischen wie in der evangelischen Kirche gilt es als entscheidender Ausdruck der Frömmigkeit, in welcher Weise der Glaube das Verhältnis der Menschen untereinander verändert, wie er als Caritas und Diakonie sich dahin wendet, wo Not ist, und wie er als Gestaltung des Lebens und der Welt in Erscheinung tritt.

Liebe deinen Nächsten!

Bei der Neugestaltung und Wiederherstellung der staatlichen und gesellschaftlichen Ordnung spielten nach dem Zweiten Weltkrieg in Deutschland auch konfessionelle Unterschiede eine Rolle. An den Auseinandersetzungen um Wiederaufrüstung, Atombewaffnung, Wehrdienstverweigerung, Sozialgesetzgebung und Friedenspolitik etwa waren die Kirchen kräftig beteiligt. Die politische Landschaft zeigte deutliche konfessionelle Konturen, die heute nach einer Phase der „Entkonfessionalisierung" des öffentlichen Lebens vielfach verblasst sind. Bei Einzelfragen zeigt sich jedoch, dass durch die Prägung des Lehramts die katholische Kirche ihre Meinung im großen und ganzen einheitlich artikuliert, während im Protestantismus gegensätzliche Auffassungen offen ausgetragen werden. Manche evangelischen Politiker klagen darüber, dass sie von ihrer Kirche allein gelassen würden, während ihre katholischen Kollegen eine klare Orientierung empfingen. In die gleiche Richtung zielen auch Fragen wie diese: Katholische Christen bekommen für ihr Leben klare kirchliche Weisungen; kann ein evangelischer Christ tun, was er will?

Gemeinsame Basis

Zunächst sei auf die gemeinsame Basis beider Kirchen hingewiesen. Das Gebot der Nächstenliebe, die Zehn Gebote, die Nachfolge Christi – das sind Grundsätze, auf die sich katholische und evangelische Christen in gleicher Weise berufen. Im Jahre 1979 verabschiedeten der Rat der Evangelischen Kirche in Deutschland und die Katholische Deutsche Bischofskonferenz eine „Gemeinsame Erklärung" mit dem Titel: „Grundwerte und Gottes Gebot". Hier wird den Christen und der gesamten Öffentlichkeit der gemeinsame christliche Glaube bezüglich der Grundwerte des menschlichen Lebens erläutert.

EKD/Katholische Bischofskonferenz: Grundwerte und Gottes Gebot: „Für die Kirchen und für die einzelnen Christen ergibt sich aus der gegenwärtigen Situation der Gesellschaft und aus ihrem eigenen, im Glauben an Jesus Christus vernommenen Auftrag die Notwendigkeit eines Beitrages zur Klärung der mit der Grundwertediskussion aufgebrochenen Fragen. Die Kirchen wollen sich nicht unmittelbar in die parteipolitische Diskussion der Begriffe Freiheit, Gerechtigkeit und Solidarität einschalten. Sie dürfen jedoch keinesfalls an der Krise der ethischen Orientierung der Gesellschaft vorbeigehen, die entscheidend zur Auslösung der Grundwertediskussion der politischen Parteien beigetragen hat. Die Gesellschaft darf von den Kirchen erwarten, dass sie dabei nicht nur die Unverzichtbarkeit einer Bindung an gemeinsam anerkannte Werte unterstreichen. Die Kirchen müssen sich der Frage stellen, welche Wertbindungen für das menschliche Zusammenleben in der Gesellschaft unbedingt gültig sind, woraus sich solche Bindungen für Christen begründen, welche menschlichen Bedingungen und Möglichkeiten darin sichtbar werden, wo aktuelle Gefährdungen erkennbar sind. Ein kirchliches Wort zur Frage des Wertkonsenses in der Gesellschaft kann nicht den umfassenden Entwurf für ein Ethos des gläubigen Christen versuchen. Es muss den Zuspruch und Anspruch Gottes so vermitteln, wie sie als Einsicht und Erfahrung für jedermann Geltung beanspruchen können." (Nr. 13)

Ein Aufrechnen, in welcher Kirche diese Lehren ernster befolgt werden und welche Seite mehr versagt habe, führt zu nichts. Ein gegenseitiges Vorhalten der Sünden gar wäre selbstgerecht und damit unchristlich. Niemand kann sagen, „die Katholiken" oder „die Protestanten" seien bessere Menschen als die anderen.

Die Sorge für mehr Menschlichkeit in der Welt, für Gerechtigkeit, Frieden und Bewahrung der Schöpfung ist ein gemeinsames Anliegen aller Christen. In der Art und Weise, wie diese Sorge von den Kirchen wahrgenommen wird, zeigen sich freilich immer noch Unterschiede.

Katholische Morallehre

Die katholische Moraltheologie geht davon aus, dass es in der Natur auffindbare Normen des sittlichen Handelns gibt, die der Vernunft einsichtig sind. Auch nach dem Sündenfall sei die menschliche Vernunft so weit intakt geblieben, dass sie diese Grundsätze erkennen könne. So steht das ‚Naturrecht‘ als zweite Quelle des moralischen Wissens neben der Offenbarung. Indem das Lehramt diese Normen verbindlich interpretiert, stellt sich die katholische Morallehre zunächst als einheitlich dar. Die traditionelle katholische Soziallehre strebt die Verchristlichung der Gesellschaft an. In den Grundfragen der sittlichen Ordnung gilt die Kirche als „Mutter und Lehrmeisterin" (Johannes XXIII.), als „das Lebensprinzip der Gesellschaft". Die Prinzipien der katholischen Soziallehre sind: die Personalität des Menschen, die Solidarität und die Subsidiarität, d. h. kleinere Gemeinschaften, (z. B. Familie, Kirche) sollen von größeren Sozialgebilden (z. B. Staat) unterstützt, aber nicht ersetzt werden.

Seit dem Zweiten Vatikanischen Konzil ist die katholische Kirche allerdings zu einer neuen Weise des Redens gekommen. Der Welt wird eine relative Autonomie, eine gewisse Eigenständigkeit in ihren Angelegenheiten zugestanden. Die katholische Kirche beansprucht nicht mehr, etwa in Fragen der wirtschaftlichen Ordnungen und politischen Entscheidungen, ein für alle gültiges Wort zu sagen. In Einzelfragen gilt das Urteil von Sachverständigen, mündigen Laien.

Dennoch gilt für den einzelnen Gläubigen immer noch, dass die katholische Morallehre die ethischen Entscheidungen weitgehend vorwegnimmt. Kirchliche Regelungen und Bestimmungen greifen in das persönliche und gesellschaftliche Leben, z. B. in Ehe und Familie, ein. Kirchliche Strafen bedrohen in einzelnen Fällen Unterlassung oder Übertretung. Insbesondere für den Sexualbereich sind fast alle Einzelfälle geregelt (Kasuistik).

Andererseits werden heute päpstliche Entscheidungen wie etwa die zur Geburtenkontrolle (‚Pille‘) diskutiert und kritisiert. Das Gewissen des einzelnen gilt als letzte Instanz der persönlichen Verantwortung. Aber es kann irren, heisst es. Im Gewissen ist nach dem Sündenfall ein Rest als sittliche Grundgewissheit gegeben, so dass von hier aus die Rolle des Lehramts und der Glaubensgehorsam katholischer Christen zur Debatte stehen. „Wahrheit" ist als häufig geschichtlich bedingte Erkenntnis formuliert, so dass frühere Entscheidungen sich als zeitbedingt und teilweise als irrig herausstellen können.

Als Grundtendenzen halten wir fest: a) Der Katholik steht heute zwischen ‚kirchlicher Autorität‘ und ‚freier Gewissensentscheidung‘. b) Das Selbstverständnis der katholischen Kirche bestimmt ihre Rolle in der Gesellschaft. Wie die Gnade die Natur krönt, so ist die Kirche als Sakrament der Welt „der Sauerteig und die Seele der in Christus zu erneuernden und in die Familie Gottes umzugestaltenden menschlichen Gesellschaft" (Zweites Vatikanisches Konzil, Pastoral-Konstitution Nr. 40).

Evangelische Ethik

Die evangelische Ethik geht bei der Frage nach den Normen für das verantwortliche Handeln des Christen von der Offenbarung Gottes in Jesus Christus aus. Zwar finden sich in der lutherischen Tradition ebenfalls naturgerechte Elemente (in Gestalt von ‚Ordnungen‘ wie Staat, Ehe oder Beruf). Sie erscheinen jedoch als durch die Macht der Sünde beeinträchtigt, so dass sie weder als zuverlässige Quelle für die ethische Norm dienen noch durch christliche Bemühungen langsam, aber sicher „verchristlicht" oder „vergöttlicht" werden können. Die „Welt" gilt dem Protestanten grundsätzlich als „weltlich", als „gefallene Schöpfung". Sie ist Ort der Glaubensbewährung des Christen und der Kirche. Sie soll verändert, menschlicher werden; sie ist aber nicht auf dem Weg, selber einmal „Kirche" zu werden.

Die evangelische Kirche verkündet Gottes Willen als heilig und verbindlich; doch sie weist den einzelnen, wo es um Erfüllung dieses Willens in konkreten Konfliktsituationen geht, an sein Gewissen und seine Verantwortung. Sie gibt Hilfen für die Entscheidung, doch sie schreibt die Entscheidung im Einzelfall nicht vor. Da der Raum persönlicher Freiheit und Verantwortung gross ist, fehlen die vielen ins einzelne gehenden Regelungen. Der dänische Theologe Kierkegaard schrieb einmal, ,Kärglichkeit' sei eine Eigenschaft aller protestantischen Ethik.

So ist erklärlich, dass die evangelische Ethik sich selten als einheitlich darstellt. Wo die katholische Kirche etwa ihr Konzept einer christlichen Gesellschaft verwirklicht sehen möchte, ringen im Protestantismus schon immer verschiedene Richtungen darum, was jeweils als Willen Gottes zu gelten habe, wie also christliches Handeln in einer bestimmten geschichtlichen Situation auszusehen habe.

Die Folgerungen für die Rolle der Kirche in der Gesellschaft sind klar: Wenn die evangelische Kirche ihre Auffassung über die rechte Weltgestaltung kundtut, geschieht dies als der Dienst einer Gruppe an der Gesamtgesellschaft. Die Evangelische Kirche in Deutschland hat in den „Denkschriften" eine Form ethischer Orientierung entwickelt, die diesem evangelischen Verständnis von der Rolle der Kirche entspricht. Sachverständige nehmen zu Sachfragen Stellung (Eigentum, Mitbestimmung, Versöhnung mit den östlichen Nachbarn, Landwirtschaft, Sexualität, Demokratie). Diese Orientierungen werden nicht eingeleitet mit einem ,So spricht der Herr', sondern sind als Sachbeitrag für alle Betroffenen verstanden. So will beispielsweise die Denkschrift der EKD zur Sexualität nur „Wege zeigen, wie der Wille Gottes in unserer Lage verwirklicht werden kann. Sie kann durch ihre Aussagen niemandem die Gewissensentscheidungen im konkreten Einzelfall abnehmen … Sie will die Gewissen wachrufen und Richtlinien weisen, in denen vom Evangelium her angesichts bestimmter Zeitverhältnisse Gewissensfragen zu entscheiden sind."

Viele katholische Stellungnahmen sind ähnlich zu verstehen, eine Reihe lehramtlicher Entscheidungen beansprucht jedoch eine andere Autorität und Gewissensbindung.

Neuere Tendenzen
„Die sich in der Säkularisierung der Gesellschaft vollziehende Entflechtung von religiösen und ethischen Kriterien, von kirchlicher Gemeinschaft und gesellschaftlichem Zusammenleben, bedeutet für die Kirchen und für die Christen aber eine Chance, den Anruf des Evangeliums Jesu Christi deutlicher aufzunehmen und sich von ihm zur Teilnahme am

Bemühen der Gesellschaft um eine verlässliche Wertorientierung rufen zu lassen. In einer Sinn- und Orientierungskrise der Gesellschaft wird diese Chance zur dringlichen Verpflichtung.

Es darf nicht verschwiegen werden, dass es für diesen Aufgabenbereich unterschiedliche Sichtweisen der christlichen Kirchen und Bekenntnisse gibt. Für evangelische Christen besteht vornehmlich die Frage nach dem Verständnis der Bibel als der Grundlage aller ethischen Aussagen und damit nach dem Verständnis vom Evangelium als Heilsverkündigung und Gesetz als Lebensanweisung. Katholische Christen stehen in einer besonderen Tradition der Herleitung ethischer Forderungen aus der dem Geschaffenen innewohnenden Ordnung. Auftrag und Vollmacht der Kirche zu verbindlichen Aussagen über ethische Normen werden in den verschiedenen christlichen Bekenntnissen unterschiedlich beurteilt. Den Christen ist aber die Gewissheit gemeinsam, dass ihr Glaube an Jesus Christus erkennbare Folgen für das individuelle und soziale Leben hat."

(EKD/Katholische Bischofskonferenz: Grundwerte und Gottes Gebot, 1979, Nr.12)

Die frühere Gegenüberstellung, in der katholischen Kirche gehe es um kirchlichen Gehorsam und in der evangelischen um die freie Gewissensentscheidung, stimmt heute so allgemein nicht mehr. In beiden Kirchen und quer durch die Konfessionen hindurch scheinen sich vielmehr neue „ethische Konfessionen" zu bilden, die hier stärker an traditionellen Ordnungen, also konservativ, und dort mehr freiheitlich oder auch revolutionär auftreten. In jedem Fall fordert das Gebot der Nächstenliebe, Eigeninteressen zu überwinden und die Interessen der Bedürftigen oder des Gemeinwohls wahrzunehmen.

Unterschiedliche Konzeptionen in der katholischen Morallehre und der evangelischen Ethik dürfen jedenfalls das gemeinsame Handeln der Christen und der Kirchen nicht beeinträchtigen. Die ökumenische Zusammenarbeit hat sich auf Ortsebene weithin bewährt. Einrichtungen in konfessioneller Trägerschaft stimmen sich relativ gut miteinander ab, und häufig findet auch eine ökumenische Integration statt, wobei die Rechtsformen unterschiedlich gestaltet sind.

Auf Bundesebene ist deutlich geworden, dass gemeinsame Worte der Kirchen in Politik und Gesellschaft wirkungsvoller sind als konfessionelle Alleingänge. Darum haben in zunehmendem Maße die Evangelische und die Katholische Kirche, oft auch multilateral im Rahmen der Arbeitsgemeinschaft

Christlicher Kirchen (= fast alle Kirchen in Deutschland), in gemeinsamen „Worten" sich geäußert. Besonders effektiv war der Diskussionsprozess um das „Sozialwort" der Kirchen „Zur wirtschaftlichen und sozialen Lage in Deutschland" (1997). Auch auf europäischer Ebene wird trotz des Wiedererwachens konfessioneller Identitätsängste zunehmend die gesamtökumenische Verantwortung betont und gemeinsame Anliegen den europäischen politischen Institutionen auch gemeinsam vorgetragen.

Beispiele

1. Zum Problem „Schwangerschaftsabbruch"

Ohne auf Einzelheiten eingehen zu können, sei auf die Diskussion über den Schwangerschaftsabbruch hingewiesen. Die katholischen Bischöfe Deutschlands fordern vom Staat, das ungeborene Leben durch das Strafrecht zu schützen. Jedes menschliche Leben sei vom Augenblick der Empfängnis an unantastbar. Zwar werden in der moraltheologischen Diskussion katholischerseits auch physische, psychische, soziale und menschliche Konfliktsituationen der betroffenen Eltern sowie die Unterscheidung von sittlicher und strafrechtlicher Beurteilung der Abtreibung beachtet. (Nicht alles Unsittliche muss oder kann strafrechtlich verfolgt werden.) Aber letztlich wird das Prinzip der Unantastbarkeit ungeborenen Lebens strikt durchgehalten, so dass nur eine enge Indikationsregelung (Alternative zwischen Leben der Mutter oder Leben des Kindes), auf keinen Fall aber eine „Fristenlösung" als straffrei erachtet wird. Bezüglich der bestehenden Praxis wurde gelegentlich das Urteil „Massenmord" ausgesprochen.

Evangelischerseits gibt es keine der lehramtlich-katholischen Position vergleichbaren Äußerungen zu diesem Problem. Etliche evangelische Theologen neigen durchaus zu der konsequenten katholischen Haltung. Andere weisen darauf hin, dass eine strikte Geltendmachung des absoluten Gesetzes die Möglichkeiten des Gesetzes, zur Menschlichkeit des Lebens beizutragen, überschätze. Die Ethik dürfe den „ethischen Konflikt" nicht ausklammern, der durch das Prinzip, ungeborenes Leben sei zu schützen, und durch die konkrete Aufgabe, eine menschliche Not zu bewältigen, entsteht. Mag für den Christen durchaus das sittliche Prinzip verpflichtend sein, –

das staatliche Strafrecht muss auf jeden Fall ein zumutbares Recht bleiben und den ethischen Konfliktfall berücksichtigen.

Nach jahrelangen Diskussionen haben sich alle Kirchen in der Bundesrepublik Deutschland auf eine Erklärung zum Schutz des Lebens geeinigt: „Gott ist ein Freund des Lebens. Herausforderungen und Aufgaben beim Schutz des Lebens" (1989). Hier werden auch Fragen der Embryonenforschung, der Todkranken sowie der Ökologie behandelt.

Seit 1998 ist heftig umstritten, wie die katholische Kirche die Schwangerschaftskonfliktberatung durchführen soll. Kirchliche Beratungsstellen, die im Rahmen der staatlichen Gesetzgebung arbeiteten und über eine Beratung eine Bescheinigung ausstellten, welche dann eine straffreie Abtreibung ermöglichte, mussten auf Druck von Papst Johannes Paul II. aus der staatlichen Beratungsarbeit aussteigen, weil sie auf keinen Fall Beratungsbescheinigungen ausstellen durften, die als Tötungslizenzen missverstanden werden könnten.

Die evangelischen Beratungsstellen wirken hingegen im Rahmen der staatlichen Ordnung mit, weil so die Chance gewahrt wird, durch die Beratung Leben zu retten und Frauen in Not zu begleiten. Die meisten katholischen Bischöfe und katholischen Christen in Deutschland haben wohl ähnlich gedacht; aber hier lag ein Konflikt vor zwischen Grundsatzentscheidungen des päpstlichen Lehramts und pastoralen Entscheidungen katholischer Bischöfe.

2. Hilfe in der Not der Welt

Die Not in der Welt ist eine Herausforderung für alle Christen. Hilfe in dieser Not hat Vorrang vor sonstigen katholischen oder evangelischen Prinzipien. Warum vereinen sich also nicht die beiden Hilfswerke „Misereor" (katholisch) und „Brot für die Welt" (evangelisch)? So fragen viele Christen, vor allem die Geldspender, die ihre Gabe wirkungsvoll eingesetzt wissen wollen.

Das Nebeneinander von „Brot für die Welt" und „Misereor" hat nichts mit kleinkariertem Konfessionalismus zu tun. Die Entwicklungshilfe erfordert Zusammenarbeit auf Seiten der Geber im nationalen und internationalen Raum wie auf Seiten der Empfänger. Die deutschen Hilfswerke können nur ökumenisch handeln, wo die überseeischen Projektträger selbst dazu willens sind. Dort fehlt es aber weitgehend an der

Zusammenarbeit zwischen den beiden Kirchen und zwischen den einzelnen Kirchen und anderen religiösen oder säkularen Gruppen.

Ein Zusammenlegen der Hilfswerke kann möglicherweise auch zu einer Verminderung des Spendenaufkommens führen und damit das Ausmaß der Hilfe zurückschrauben. Erfahrungsgemäß wollen die meisten Spender ihr Geld nur einer klar bestimmbaren und ihnen vertrauten Organisation geben, während Spendenaufrufe mit gemeinsamen Konten wenig Widerhall finden.

„Brot für die Welt" und „Misereor" arbeiten seit langem bei einzelnen Projekten eng zusammen; regelmäßige Konferenzen sollen Überschneidungen und Doppelungen in der Arbeit vermeiden helfen.

Die kirchliche Hilfe für die Dritte Welt wird ohne Rücksicht auf Rasse, Nation und Religion gewährt. Sie will sozial, aber nicht politisch im eigentlichen Sinne sein. Diese politische Abstinenz stößt auch auf Kritik: Es genüge nicht, so sagen die Kritiker, nur die Symptome eines unterentwickelt gehaltenen Systems kurieren zu wollen, man müsse als Christ auch politisch für gerechtere Strukturen in der Gesellschaft kämpfen. Das Für und Wider bei den ins Politische gehenden Maßnahmen der Kirchen ist nicht an die Konfession gebunden. Allerdings bedingt die Rolle des Vatikans als Staat mit diplomatischen Beziehungen, dass die katholische Kirche oft lieber allein als in ökumenischem Rahmen sich für Gerechtigkeit und Frieden engagiert.

3. „Konziliarer Prozess für Gerechtigkeit, Frieden und Bewahrung der Schöpfung"

Bei der Weltkirchenkonferenz in Vancouver wurde 1983 der Vorschlag gemacht, alle Kirchen zu einem „Konzil" des Friedens und der Gerechtigkeit einzuberufen. Als der Begriff „Konzil" sich als ungeeignet erwies, weil die katholische und die orthodoxe Kirche damit nur eine Versammlung von Bischöfen meinen, wurde bald von einem „Konziliaren Prozess" auf allen Ebenen des kirchlichen Lebens gesprochen.

Drei Aufgabenbereiche wurden in den Mittelpunkt gestellt: die *Gerechtigkeit* – und damit die Notwendigkeit einer gerechten Weltwirtschaftsordnung, der *Friede* – und damit eine weltweite Friedensordnung, und die *Bewahrung der Schöpfung*

– und damit die ökologische Krise als Überlebensfrage der Menschheit.

In Deutschland haben seitdem alle Kirchen gemeinsam Veranstaltungen zum Konziliaren Prozess durchgeführt. Auf europäischer Ebene fand erstmals seit der Reformation im 16. Jahrhundert im Mai 1989 in Basel eine gemeinsame „Ökumenische Versammlung: Frieden in Gerechtigkeit" statt, an der alle katholischen, orthodoxen, anglikanischen und evangelischen Kirchen beteiligt waren. Und in Seoul hielt der Ökumenische Rat der Kirchen im März 1990 eine „Weltversammlung für Gerechtigkeit, Frieden und Bewahrung der Schöpfung".

In Seoul nahm die katholische Kirche freilich nur durch Beobachter teil, weil es sich im Unterschied zur europäischen Ebene als schwierig erwiesen hatte, dass auf globaler Ebene der Vatikan und der Ökumenische Rat der Kirchen als gemeinsame Veranstalter einer solchen Weltkonferenz auftraten; das Selbstverständnis der katholischen Weltkirche mit dem Papst an der Spitze und das des Ökumenischen Rates mit seinen über 340 selbständigen Kirchen verhinderte eine gemeinsame organisatorische Verantwortung.

In der Sache zeigte es sich freilich, dass die Christenheit die gemeinsame Verantwortung für die Gestaltung der Welt erkannt hat und auch zu bedeutsamen grundsätzlichen Aussagen und Empfehlungen in der Lage ist.

Aufbauend auf den Erfahrungen von Basel 1989 und Seoul 1990, fand 1997 in Graz eine Zweite Europäische Ökumenische Versammlung statt, die von der Konferenz Europäischer Kirchen und dem Katholischen Europäischen Bischofsrat gemeinsam veranstaltet wurde. Zum Thema „Versöhnung in Europa" kamen 800 Delegierte und 10 000 weitere Teilnehmer zusammen. Im September 2007 findet die Dritte Europäische Ökumenische Versammlung in Sibiu/Hermannstadt (Rumänien) statt.

> Aus der „Botschaft" von Graz 1997 an die europäische
> Öffentlichkeit:
> *III. Herausforderungen*
> 8. Wir Christen und Kirchen Europas stellen uns diesen Herausforderungen (für mehr Gerechtigkeit und Frieden in der Welt zu sorgen)im Bewusstsein unserer Schwäche und der Schande unserer Spaltung. Wir können keine einfachen Lösungen anbieten. Was uns bewegt, ist unsere christ-

liche Vision von der Versöhnung. Das Geschenk der Versöhnung in Christus spornt uns an zum Engagement zur:

- Verkündigung und Vermittlung des Evangeliums an die Völker Europas, dass Gott durch Christus die Welt mit sich versöhnt hat (vgl. 2. Kor 5,19);
- unermüdlichen Verfolgung des Ziels der sichtbaren Einheit; mit diesem Ziel sollten wir unsere Spaltungen überprüfen und uns fragen, ob sie das Ergebnis der Vielfalt waren, die damals als spaltend empfunden wurde, heute aber als bereichernd gesehen wird;
- Einleitung eines Prozesses der Vergangenheitsbetrachtung im Geist historischer Wahrheit;
- Förderung der Zusammenarbeit in allen Bereichen, einschließlich der Mission; Förderung des offenen Dialogs sowie der Vermeidung eines zerstörerischen Wettbewerbsdenkens unter gegenseitiger Achtung der Gewissensfreiheit;
- Bekräftigung des gleichen Status und der gleichen Rechte von Minderheitskirchen und Völkern;
- Unterstützung der Versöhnungsarbeit lokaler Zusammenschlüsse, öffentlicher Institutionen und europäischer Körperschaften;
- Fortsetzung ernsthafter interreligiöser Dialoge, im Bewusstsein, dass selbst in Europa Einzelne und Kirchen immer noch um ihres Glaubens willen leiden;
- Abhaltung ökumenischer Treffen auf lokaler und regionaler Ebene zur Weiterentwicklung der in Graz gesammelten Erfahrungen;
- Beteiligung von jungen Leuten, um ihnen die ökumenische Vision für die Zukunft anzuvertrauen und den konziliaren Prozess für Gerechtigkeit, Frieden und die Bewahrung der Schöpfung fortzuführen.

Die Kirchen verpflichten sich zur:

- eindeutigen Erklärung und Wahrung der Menschenrechte und demokratischen Prozesse;
- Zusammenarbeit beim Versuch, alle Formen von Gewalt, insbesondere gegen Frauen und Kinder, zu ächten;
- Bekämpfung aller Formen der Diskriminierung innerhalb der Kirchen;
- Förderung der Stellung und Gleichberechtigung der Frauen in allen Bereichen einschließlich entscheidungstragender Funktionen, unter Einhaltung der je eigenen Identitäten von Männern und Frauen;
- Bekräftigung ihres Engagement für soziale Gerechtigkeit und ihrer Solidarität mit den Opfern sozialer Ungerechtigkeiten;

- Unterstützung einer Politik zur Bewahrung der Umwelt in ihren eigenen Aktionsfeldern;
- Bekämpfung wirtschaftlicher Systeme, die durch die Globalisierung negative Auswirkungen haben.

Unser eigenes Engagement für diesen Versöhnungsprozess fordert uns heraus, die politischen Entscheidungsträger und alle Bürgerinnen und Bürger dringend aufzurufen:

- die Würde der menschlichen Person und die Heiligkeit des menschlichen Lebens zu betonen;
- den Vorrang der menschlichen Person gegenüber wirtschaftlichen Interessen wieder herzustellen oder aufrechtzuerhalten, d. h. unter anderem Arbeitslosigkeit, insbesondere unter jungen Menschen, zu bekämpfen;
-- sich für die Würde und den Schutz der Rechte von Flüchtlingen, Migranten und Vertriebenen einzusetzen und das Recht von Flüchtlingen auf Asyl und die freie Wahl ihres Wohnortes aufrechtzuerhalten;
- Abrüstung und die Entwicklung gewaltfreier Konfliktlösungsmechanismen zu unterstützen und sich umgehend für Verhandlungen zur umfassenden Vernichtung der Atomwaffen im Anschluss an den Atomwaffensperrvertrag einzusetzen;
- im biblischen Geiste eines Erlassjahres mit dem Jahr 2000 die nicht rückzahlbaren Schulden der ärmsten Länder zu erlassen und dabei sicherzustellen, dass das einfache Volk der Hauptbegünstigte dieser Maßnahme ist;
- die notwendigen Maßnahmen zu ergreifen, um den gegenwärtigen Trend der Umweltzerstörung und Ausbeutung der natürlichen Ressourcen der Welt umzukehren und nachhaltige Lebensbedingungen für die gesamte Schöpfung zu schaffen.

9. Wir bekräftigen insbesondere die Überzeugung, dass die ethische Dimension der Gerechtigkeit im Bereich der Politik, der Wirtschaft, der Technik und der Massenmedien eine unverzichtbare Rolle spielen muss, damit Versöhnung im Leben aller Menschen Realität werden kann.

10. Die Versöhnung als Gabe Gottes und Quelle neuen Lebens ermutigt uns, mit unseren Schwestern und Brüdern, die aufgrund von Vorurteilen hinsichtlich Rasse, Geschlecht, ethnischer Abstammung, Alter und Religion verfolgt und ausgegrenzt werden, beim Aufbau einer wahrhaft humanen Gemeinschaft zusammenzuarbeiten. Eine Spiritualität der Versöhnung erfordert, daß wir egozentrischem Individualismus mit der Erkenntnis begegnen, dass Unterschiede eine Gabe sind, die uns dabei hilft, die wun-

dervolle Vielfalt Gottes einzigartiger Schöpfung zu entdecken.

11. Als europäische Kirchen und Christen sind wir entschlossen, unsere Solidarität mit den Bedürftigen, den Ausgegrenzten und Ausgestoßenen unserer Welt nachdrücklicher zu bekunden. Jeder Mensch ist ein Bruder oder eine Schwester, für den/die Christus gestorben und auferstanden ist. Jeder Mensch ist nach dem Bild des Dreieinigen Gottes geschaffen."

Was kirchliche Dienste leisten

Wer in der menschlichen Gesellschaft etwas erreichen will, muss sich organisieren. Die Kirchen wollen mit ihrer Botschaft von der Liebe Gottes etwas erreichen, infolgedessen müssen sie sich durch entsprechende Institutionen gesellschaftlich bemerkbar machen. Sie treten dabei in Konkurrenz zu anderen Organisationen und müssen sich Rückfragen gefallen lassen: Was habt ihr als christliche Besonderheiten zu bieten?

Das „Wohl" und das „Heil" des Menschen

Christen haben kein Monopol auf die Nächstenliebe. Auch Nichtchristen opfern sich für ihre Mitmenschen auf. Insofern sind alle sozial Tätigen mit den Kirchen solidarisch. Allerdings können die Kirchen nicht zwischen ihrem sozialen Wirken und dem Motiv dieses Handelns trennen, nämlich die Liebe Gottes in Wort und Tat zu verkündigen. Auch ist das christliche Menschenbild ganzheitlich ausgerichtet (Leib, Seele, Geist), so dass die Kirchen mit ihrem Wirken für das „Wohl" des Menschen ihren missionarischen Auftrag verbinden, Christus als „Heil" der Welt zu bezeugen.

Über das richtige Verhältnis von „Heil" und „Wohl" gibt es Spannungen in jeder Kirche, wenn die einen klagen, die Kirche kümmere sich zu sehr um das Seelenheil und um sich selbst und zu wenig um die Nöte in der Welt, und wenn umgekehrt andere klagen, die Kirche verzettele sich in allen möglichen weltlichen Dingen und in der Politik, statt die eigentlichen Glaubensfragen in den Mittelpunkt zu stellen. Alles in allem sind beide Sorgen unbegründet.

Weil Gott der Herr des ganzen Lebens sein will und die Kirche den ganzen Menschen im Blick hat, gibt es kaum einen Lebensbereich, den die Kirchen nicht in ihren Verantwortungsbereich einbezogen hätten. Für viele Aufgaben bestehen eigene kirchliche Werke, Vereine und Dienste. In den Ortsgemeinden begegnen vor allem folgende Institutionen: Kindergärten, Krankenhäuser, Altersheime, Schwesternstationen („Innere Mission", „Diakonie" oder „Caritas"), Vereine für die Jugend, die Frauen und die Männer, Kirchenchöre, Bildungswerke und Vereine für bestimmte Berufsgruppen (Arbeiter, Akademiker usw.). Die meisten Einrichtungen und Vereine sind konfessionell gebunden. An vielen Orten bestehen freundschaftliche evangelisch-katholische Kontakte, oft geschieht auch eine interkonfessionelle Zusammenarbeit in gemeinsamen Institutionen wie Ökumenischen Sozialstationen, Telefon- und Notfallseelsorge.

Aber ist ein Parallellauf überhaupt nötig? Was unterscheidet einen katholischen von einem evangelischen Kindergarten, was die evangelische Frauenhilfe von der katholischen Frauenarbeit?

Konfessionelle Akzente

Außer dem Hinweis auf die allgemeinen Unterschiede in Atmosphäre und Frömmigkeitsstil, die von der konfessionellen Bindung kirchlicher Einrichtungen und Vereine herrühren, sind konkrete Antworten auf die Frage, was den katholischen vom evangelischen Kindergarten, die evangelische von der katholischen Frauenarbeit unterscheidet, recht schwierig. In der Gesamtkonzeption des Verhältnisses von Kirche und Welt bestehen jedoch Differenzen, die sich auch auf die Arbeitsweise der kirchlichen Institutionen auswirken.

Beispielhaft sei auf das sogenannte *Subsidiaritätsprinzip* hingewiesen, dessen Einführung im Bundessozialhilfe- und Jugendwohlfahrtsgesetz der BRD (1961) die katholische Kirche besonders gefördert hat. Danach ist der Staat zwar grundsätzlich für das Wohl der Bürger verantwortlich, aber er soll erst dann fürsorgliche Aufgaben selbst übernehmen, wenn die freien Kräfte diese Aufgaben nicht oder nicht hinreichend erfüllen können.

Die evangelischen Kirchen bejahen einerseits die guten Absichten dieses Prinzips, andererseits meinen sie nicht, die Kirchen sollten dem Staat möglichst viel Fürsorge abnehmen. Evangelische Diakonie neigt eher dazu, Schwerpunktmodelle zu entwickeln und erst dann einzuspringen, wenn der Staat versagt. Hier zeigt sich ein evangelisch-katholischer Unterschied im sozialethischen Grundsatzprogramm: Während die katholische Kirche zumindest für ihre Glieder die Verkirchlichung zahlreicher Lebensbereiche anstrebt, tendieren die evangelischen Kirchen nur zu einem zeichenhaften Dienst kirchlicher Werke.

Beispiele

1. Schule und Bildung

Die katholische Kirche hat jahrelang am Prinzip der katholischen Konfessionsschule unbeirrbar festgehalten. Durch die Neuordnung des staatlichen Schulwesens ist das Konfessionsschulproblem in Deutschland weitgehend entschärft worden. Man spricht von christlich geprägten Gemeinschaftsschulen, und der Staat handhabt im allgemeinen großzügig das Recht auf Errichtung von konfessionellen Privatschulen. Die katholische Kirche macht hiervon viel mehr Gebrauch als die evangelische.

In der evangelischen Kirche gilt, dass über Schule und Lehrer keine kirchliche Bevormundung ausgeübt werden darf. Die öffentliche Schule soll weltanschaulich neutral sein. Viele evangelische Theologen bestreiten, dass man überhaupt die Christlichkeit einer christlichen Schule sachgerecht erklären kann. Sie sind skeptisch gegenüber der Kompromissformel „öffentliche Schule auf der Grundlage der christlichen Bekenntnisse", weil hier doch nur soviel konfessioneller Einfluss wie eben möglich gerettet werden solle.

Andererseits finden in jüngerer Zeit Schulen in kirchlicher Trägerschaft wieder grössere Akzeptanz. Im Pluralismus der Werteorientierung erweckt offensichtlich eine kirchliche und konfessionelle Beheimatung bei vielen Eltern ein besonderes Vertrauen.

In der kirchlichen Erwachsenenbildung zeigt sich eine ähnliche Tendenz wie in der Schulpolitik. Die katholischen Bildungswerke sind sehr rührig und streben oft eine echte Konkurrenz zur säkularen Volkshochschularbeit an. In den evangelischen Kirchen neigt man umgekehrt dazu, in den Volkshochschulen als Christen mitzuwirken und auch für theologische Seminare zu sorgen. Evangelische Erwachsenenbildung geschieht insbesondere in den Evangelischen Akademien, die als Gesprächsforum allen Gruppen der Gesellschaft dienen wollen, oder in Gruppen und Vereinen der Kirchengemeinden.

2. *Religionsunterricht*

Der konfessionelle Religionsunterricht ist nach Artikel 7,3 des Grundgesetzes der Bundesrepublik Deutschland ordentliches Lehrfach in den Schulen und wird gemäß der „Grundsätze der Religionsgemeinschaften" erteilt. Neuerdings wird dieses Gesetz von religiös neutralen Bürgern in Frage gestellt; sie fordern einen neutralen Weltanschauungsunterricht. Viele Christen wünschen einen „ökumenischen Religionsunterricht" statt des konfessionellen.

Versteht man den Religionsunterricht als Wissensvermittlung über religiöse Kulturwerte, braucht er nicht konfessionell ausgerichtet zu sein. Manche evangelische Theologen ordnen den Religionsunterricht der öffentlichen Schule so ein. Gilt der Unterricht jedoch als Hinführung zum Glauben, als Vermittlung von Glaubensinhalten, bleibt die Konfessionalität wichtig. Die Kirchen vertreten weiterhin diesen letzten Standpunkt. Solange es Christentum empirisch und konkret nur in verschiedenen Kirchen und Konfessionen gibt, dürften viele der Lernziele leichter erreichbar sein in Zusammenarbeit mit einer bestimmten Konfession.

Keine Kirche hält jedoch starr und absolut am Konfessionalitätsprinzip fest. Die katholische Kirche fordert einerseits, dass im Religionsunterricht der öffentlichen Schule Lehrer, Lehre und in der Regel auch die Schüler in einer Konfession beheimatet sein sollen. Andererseits sieht sie den Religionsunterricht zur ökumenischen Offenheit verpflichtet, d. h. bei gemeinsam interessierenden Themen und Aktionen wird eine „Kooperation der Konfessionen" empfohlen.

Die evangelische Kirche sieht die Konfessionalität des Religionsunterrichts vor allem in der Lehre und im Lehrer begründet und hält es durchaus für möglich, den bekenntnisgebundenen Religionsunterricht für Schüler anderer Bekenntnisse zu öffnen. Im schulischen Alltag wäre hier nach Bildungsstufen zu unterscheiden. Für die Kursangebote in der

Sekundarstufe II plädieren die meisten Landeskirchen für eine Wahlfreiheit der Schüler, während die katholische Kirche fordert, dass mindestens drei der fünf Kurse beim Lehrer der eigenen Konfession belegt werden.

Eine weitere Öffnung zum „ökumenischen Religionsunterricht" ist nur zu erwarten, wenn die Kirchen im Rahmen der „Grundsätze der Religionsgemeinschaften" sich auf gemeinsam erarbeitete Lehrpläne und Lernziele mit entsprechendem Unterrichtsmaterial einigen würden. In naher Zukunft wird das nur in Einzelfällen und Modellversuchen möglich sein.

Die Einführung des schulischen Religionsunterrichts in den neuen östlichen Bundesländern stößt auf praktische Schwierigkeiten, weil es dort gar nicht mehr so viele christliche Schüler und Lehrer gibt. Ferner fragen sich viele, ob solche schulische Partnerschaft von Staat und Kirche wirklich für eine bekennende Kirche in der säkularisierten Gesellschaft der angemessene Weg in die Zukunft ist. Doch der Ersatz des konfessionellen Religionsunterrichts durch ein neutrales Pflichtfach „Lebenskunde, Ethik, Religion" (so in Brandenburg oder in Berlin das neue Pflichtfach Ethik) wird von den Kirchen als ideologisch und religionspädagogisch unklare Konzeption abgelehnt.

Der oben zitierte Grundgesetzartikel 7,3 ist kein Privileg für die katholische und evangelische Kirche, sondern gibt auch anderen Konfessionen und anderen Religionsgemeinschaften die Möglichkeit, gemäss ihrer Grundsätze einen Religionsunterricht anzubieten. Als Voraussetzung gelten freilich für alle die allgemeinen schulischen Bedingungen in Deutschland: ein ausgewiesener Lehrplan, ausgebildete Lehrer/innen und die deutsche Sprache. Orthodoxe Kirchen machen davon bereits in Ballungszentren Gebrauch. Die Durchführung eines islamischen Religionsunterrichts ist selbstverständlich auch möglich, scheitert jedoch häufig an multi-islamischen, ethnischen und sprachlichen Realitäten und an der Schwierigkeit, einen allseits anerkannten Lehrplan vorzulegen.

3.Kindergärten

Die Kirchen haben bislang die Kindergärten stark gefördert, weil hier eine spürbare Lücke in der öffentlichen Fürsorge bestand und weil die prägende religiöse Erziehung der Kinder im vorschulischen Alter hier mit wahrgenommen werden kann. Die Aufnahme von Kindern ist durchweg nicht an die Konfessionszugehörigkeit gebunden. Beim Beten oder bei der Auswahl von Geschichten, die den Kindern erzählt werden, mag das konfessionelle Moment eine Rolle spielen. Vielen Eltern ist verständlicherweise der kürzeste und verkehrssicherste Weg zum Kindergarten wichtiger als die konfessionelle Trägerschaft.

Ökumenische Elternabende bieten eine gute Gelegenheit, die Ökumene am Ort zu fördern und konfessionell gemischten Familien bei der gemeinsamen Glaubenserziehung zu helfen.

4. Krankenhäuser

Die Kirchen unterhalten in der pluralistischen Gesellschaft Krankenhäuser, weil die christliche Liebestätigkeit das moderne Krankenhaus davor bewahren soll, sich zu einer bloßen Reparaturwerkstatt der Menschen zu entwickeln (Zusammenhang von Diakonie und Seelsorge), und weil die Kirchen in der Ausbildung und Bereitstellung von Personal einen besonderen Dienst leisten können. Die Trägerschaft besagt nichts über die Konfessionszugehörigkeit der Patienten. In jedem Krankenhaus wird jeder Kranke aufgenommen. Für viele Menschen ist der Aufenthalt in einem katholischen oder evangelischen Krankenhaus die erste Gelegenheit, Nonnen, Diakonissen und die von ihnen geprägte Atmosphäre eines Hauses kennen zu lernen. Das Wirken der katholischen und evangelischen Krankenhausseelsorger und Seelsorgerinnen geschieht zumeist in guter ökumenischer Partnerschaft.

5. Sozialstationen

In vielen Gemeinden gibt es Sozialstationen, die auf vielfältige Weise Kranken, Alten und notleidenden Menschen helfen. Weil der kirchliche Sozialdienst als eine Einheit von pflegerischem und seelsorgerlichem Bemühen verstanden wird, handelt es sich meistens um konfessionell gebundene Einrichtungen. Gewöhnlich gehören die Schwestern oder Sozialarbeiter der Konfession der Träger an. Hier und da gab es Unruhe in den Gemeinden, wenn ein Glied der anderen Konfession als Mitarbeiter(in) im Kirchendienst abgelehnt wurde. Selbstver-

ständlich betreuen die Sozialstationen auf Wunsch auch Hilfe-
suchende aus der anderen Kirche.

Mancherorts wurden in den letzten Jahren „Ökumenische"
Sozialstationen, Beratungsstellen und Einrichtungen der Telefonseelsorge gegründet. Die Frage der rechtlichen Trägerschaft
kann dabei unterschiedlich geregelt sein, sei es durch eine besondere Satzung als eingetragener Verein oder sei es in juristi-
scher Anlehnung an nur eine Konfession (Caritasverband oder
Diakonisches Werk). Manche organisatorischen Fragen, etwa
die Arbeitseinteilung und die Finanzierung, können so leichter als im konfessionellen Alleingang gelöst werden. Hilfesu-
chende können sich selbstverständlich an die Mitarbeiter(in-
nen) ihrer eigenen Konfession wenden.

6. Vereine

In den evangelischen und katholischen Kirchengemeinden
spielen die Vereine für bestimmte Gruppen oder Arbeitsgebiete eine bedeutsame Rolle. Ihre Organisationsformen sind
unterschiedlich: die einen bestehen völlig autonom als einge-
tragene Vereine (e. V.), andere existieren als Gemeindegruppen
und unterstehen dem Kirchenvorstand. In jedem Fall verstehen sie sich ihrer Kirche zugeordnet, so daß es sich klar um katholische oder evangelische Organisationen handelt. Sie sind
die Ortsgruppen größerer konfessioneller Verbände und erhalten von dort die Richtlinien. Der „Verbandskatholizismus" hat
sich zusammengeschlossen im Zentralkomitee der deutschen
Katholiken (bekannt durch die „Katholikentage"). Es ist ein
von der katholischen Deutschen Bischofskonferenz anerkann-
ter Zusammenschluss von Einrichtungen, Vereinigungen und
Personen, die in der Laienarbeit der Kirche tätig sind. Die
evangelischen Werke und Verbände sind seit 1971 in der
„Konferenz Kirchlicher Werke und Verbände in der EKD" zusammengeschlossen. Seit mehr als 150 Jahren haben sie sich
frei von kirchenamtlichen Weisungen entfaltet.

Die katholischen und evangelischen Vereine wollen nicht
einfach ein Angebot für sinnvolle Freizeitgestaltung sein. Sie
wollen ihren Mitgliedern helfen, ihr Christsein im Alltag zu
bewähren, und sie verstehen sich ‚missionarisch', d. h. sie wollen der Umwelt die christliche Botschaft durch Wort und Tat
nahe bringen.

In der katholischen Kirche ist hierfür das Wort ‚Laienapostolat' gebräuchlich geworden (Sendung der Laien in der Welt). Die Bindung eines Vereins an die katholische oder evangelische Kirchengemeinde, an ihr Bekenntnis, ihre Frömmigkeit usw. prägt in mancher Hinsicht das Vereinsleben. Doch haben seit einigen Jahren in steigendem Maße katholische Vereine auch evangelische Mitglieder und umgekehrt, insbesondere in der Jugendarbeit und bei den Studentengemeinden. Die Kontakte zwischen evangelischen und katholischen Werken und Verbänden wurden intensiviert und teilweise schon in gemeinsamen Arbeitsgemeinschaften institutionalisiert. Eine Verschmelzung der konfessionellen Vereine in den Kirchengemeinden steht gegenwärtig kaum zur Debatte. Eine höhere Effektivität der Arbeit wäre dadurch auch kaum zu erreichen. Gegenseitige Achtung und das Vermeiden von unfairen Konkurrenzkämpfen, bei denen einer dem anderen Mitglieder, Ideen oder das Wirken in der Öffentlichkeit „stiehlt", sollten allerdings unter Christen selbstverständlich sein. In vielen Kirchengemeinden bestehen sogenannte „ökumenische Arbeitskreise", in denen evangelische und katholische Christen versuchen, die gemeinsamen Probleme ihrer Kirchengemeinden zu lösen und regelmässig ökumenische Gottesdienste, Bibelwochen oder auch ökumenische Gemeindefeste zu halten.

7. Klöster und ordensähnliche Gemeinschaften

Die Welt der Klöster, Mönche und Nonnen stellt sich Außenstehenden meist als etwas Geheimnisvolles, Fremdes dar.

Seit der Alten Kirche gibt es mönchisches Leben – ‚Orden' und ‚Kongregationen' als Gemeinschaften von Männern und Frauen, die sich in mehr oder weniger engem klösterlichem Leben besonderen Aufgaben widmen. Man unterscheidet *beschauliche* Orden, die vor allem beten und eine Arbeit nur zur Sicherung ihres eigenen Lebensunterhaltes verrichten („ora et labora", bete und arbeite), und *tätige* Orden, die auf verschiedensten Gebieten für die Kirche in der Welt wirken (Mission, Schule, Caritas, Seelsorge u. a.).

Nach einer zweijährigen Einführung ins Klosterleben (‚Noviziat') legt in der katholischen Kirche ein Ordensmitglied das

Gelübde ab, die in der Bibel erwähnten ‚Räte' für ein vollkommenes heiliges Leben zu befolgen: *Armut, Keuschheit und Gehorsam* (gegenüber den Oberen). Die Beachtung dieser über die allgemeinchristlichen Pflichten hinausgehenden Tugenden bringe, so lehrte man seit dem Mittelalter, zwar kein Anrecht, aber doch grössere Aussicht auf das ewige Heil.

Seit dem Zweiten Vatikanischen Konzil bahnt sich im Ordenswesen ein grundsätzlicher Wandel an. Nachdem auch für die Laien die Berufung zur Heiligkeit und Vollkommenheit ausgesprochen war, konnte der „Stand der Vollkommenheit" nicht mehr Vorrecht der Orden bleiben. Das Konzil stellt für die Orden neben der Nachfolge Christi und neben der Bedeutung der Gelübde vor allem den Gedanken des *Dienstes am Ganzen* der Kirche in den Vordergrund. In diesem Sinne das Ordenswesen umzubilden, wird allerdings längere Zeit dauern.

> Die bekanntesten Orden sind:
> Benediktiner: Ordo Sancti Benedicti, OSB, schwarzes Habit
> Franziskaner: Ordo Fratrum Minorum, OFM, dunkelbraun
> Kapuziner: OFMCap, gehören zum Franziskanerorden
> Dominikaner: Ordo Praedicatorum (Predigerorden),
> OP, weiss
> Augustiner: Ordo Fratrum Augustini, OSA, schwarz
> Jesuiten: Societas Iesu, SJ, weisser Colar am Hals
> Zisterzienser: Ordo Cisterciencis, OCist, weiß/grau
> Ein Laienmitglied heißt ‚Frater' (Bruder), ein geweihter Priester ‚Pater' (Vater), eine Nonne ‚Schwester'.

Eine neue ordensähnliche Form bilden die sogenannten Drittorden: die ‚Säkularinstitute' oder ‚Weltgemeinschaften'. Ihre Mitglieder verpflichten sich zur Befolgung der ‚Räte', bleiben aber in ihrem bürgerlichen Beruf und tragen keine besondere Ordenstracht (z. B. die in Italien gegründete Bewegung der „Fokolare").

Evangelisch

Der *Protestantismus* lehnte das Ordenswesen ab, weil der ‚Stand der Vollkommenheit' mit dem Gedanken der Rechtfertigung allein aus Gnaden unverträglich erschien. Luther, selbst ursprünglich Augustinermönch, befürchtete, die Frömmigkeit drohe im Kloster zum Selbstzweck zu werden, die biblischen

‚Räte' würden zum Gesetz, und vor allem bei den beschaulichen Orden gehe mit der klösterlichen Weltflucht auch der Sozialbezug verloren.

Erst im 20. Jahrhundert entstanden in den evangelischen Kirchen einige wenige ordensähnliche Gemeinschaften, die als ‚*Kommunitäten*' oder ‚*Bruder- und Schwesternschaften*' jedoch weder Mönchtum noch Klosterleben anstreben, so dass die Bezeichnung ‚Orden' irreführend ist. Mit ihrem engagierten Dienst in der Welt gehören sie eher in die Nähe der katholischen Säkularinstitute. Die ‚Räte' (Armut, Keuschheit, Gehorsam) bleiben Räte, sie werden nicht durch Gelübde zum Gesetz. ‚Kommunitäten' bilden eine Lebensgemeinschaft (z. B. die Marienschwestern in Darmstadt oder die Communität Casteller Ring). Bruder- und Schwesternschaften verbinden ihre Mitglieder nur locker durch gemeinsame Lebens- und Frömmigkeitsregeln sowie durch gemeinsame Ziele und Dienste (z. B. die Michaels-Bruderschaft).

Indem das katholische Ordensleben auf Hingabe an den Nächsten und Notleidenden, auf Verkündigung und Dienst ausgerichtet ist, wird es selbstverständlich von den evangelischen Christen geachtet. Im Dienst der evangelischen *Diakone* und *Diakonissen* ist etwas Vergleichbares gegeben.

WIE DIE KIRCHEN SICH GLIEDERN

,Papisten' nannte man in alten Zeiten die Katholiken. Sie galten als romhörige Seelen, die gehorsam zu glauben und zu tun hatten, was der Papst anordnete. Seit dem Zweiten Vatikanischen Konzil betont man nun neben der Autorität des Papstes, des „Vaters" in der Familie der Gläubigen, auch die Freiheit des einzelnen. In Ergänzung zur ,Hierarchie' (= heilige Herrschaft; Rangordnung der geistlichen Leitung durch Papst, Bischöfe und Priester) spricht man von ,Demokratisierung' in der Kirche, von der Mitsprache des Kirchenvolkes. Die aufgebrochene Vielfalt der Meinungen macht es dann zunehmend schwierig, zu bestimmen, was eigentlich noch typisch katholisch ist. Bei aller Mannigfaltigkeit sind katholische Christen jedoch darin einig, dass die Kirche für sie wie eine Mutter ist, bei der sie Geborgenheit finden und deren Lehrentscheidungen sie sich anvertrauen dürfen.

Umgekehrt galt es früher den Katholiken als eine ausgemachte Sache, dass Protestanten Ketzer sind, von der allein seligmachenden Kirche abgefallen und unter sich zerstritten. Gegenüber ihrer Zerrissenheit und der Vielzahl ihrer theologischen Meinungen erschien die katholische Kirche als eine geschlossene Einheit. Inzwischen haben die Katholiken mehr Verständnis für die Haltung der anderen Kirchen. Aber immer noch fragen katholische Christen, ob nicht evangelische Freiheit dahin führe, dass jeder glaubt, was er will. Sie wundern sich, dass man sogar solche Vielfalt grundsätzlich bejahen und als Ausdruck persönlicher Glaubensentscheidung achten kann.

Zur Debatte steht, wie die Kirchen organisiert sind, wer eigentlich im Namen Gottes oder im Namen der Kirche sprechen darf, wer zu sagen hat, was richtiger und was falscher Glaube ist.

Das Amtsverständnis

Im katholischen und evangelischen Verständnis des kirchlichen Amtes bestehen folgende Übereinstimmungen:

1. Es ist der christlichen Gemeinde als Ganzer aufgetragen, das Evangelium in der Welt zu bezeugen.

2. Die Berufung aller Christen zum Dienst der Evangeliums-Verkündigung in Wort und Tat schließt nicht aus, dass es in der Kirche besondere personengebundene Dienste oder Ämter gibt.

3. Die Träger solcher besonderer Ämter in der Kirche sind angewiesen auf die innere Berufung durch den Heiligen Geist und auf die Bestätigung ihres Dienstes durch die Gesamtheit der Kirche.

4. Für einige Dienste in der Kirche gibt es das „ordinierte Amt", z.B. für die öffentliche Predigt und die Leitung der Sakramentsfeier. Die Beauftragung durch die Kirche geschieht in der „Ordination" oder „Priesterweihe", indem bereits ordinierte Amtsträger unter Gebet und Handauflegung die Ordinanden in das besondere Amt der Kirche berufen und indem die Ordinanden sich verpflichten, in Vertrauen auf Gottes Hilfe ihren Dienst im Gehorsam gegen Gottes Wort und in der Bindung an die Bekenntnisse oder Dogmen der Kirche auszurichten.

5. Die Übereinstimmung mit dem Zeugnis der Apostel muss gewahrt bleiben: in diesem Sinne bejahen alle Kirchen eine „Apostolische Nachfolge" (Sukzession).

6. Alle Kirchen betonen den „Dienst"-Charakter des kirchlichen Amtes. Autorität besitzt das kirchliche Amt nur, sofern es der absoluten Autorität des Wortes Gottes dient.

Anerkennung der Ämter?

Die gegenseitige Anerkennung der Ämter wird von vielen Theologen als eine dringende Aufgabe für ein besseres Verhältnis zwischen den Konfessionen angesehen. In den letzten Jahren wurde dazu eine Reihe von ökumenischen Studiendokumenten erarbeitet, jedoch noch kein bedeutsamer Fortschritt erzielt. Neben der aufgezählten Reihe von Gemeinsamkeiten bleiben nämlich folgende Fragen umstritten:

101

1. ob bei der Übertragung des Amtes (katholisch: „Priester-weihe", evangelisch: „Ordination") eine besondere „Amts-gnade" verliehen wird, welche unerlässlich ist für bestimmte Leitungs- und Sakramentshandlungen,

2. ob für die Kirche in der Nachfolge der Apostel bei Amtsübertragungen eine ununterbrochene Abfolge von Hand-auflegungen durch „Bischöfe" nötig ist, oder ob die apostolische Nachfolge auch anders gewährleistet sein kann, zum Beispiel durch die Treue zur apostolischen Predigt oder durch eine Abfolge von Handauflegungen durch Presbyter und Pfarrer,

3. ob für die Kirchenverfassung die Rangfolge Papst – Bischöfe – Priester – Laien wesentlich ist, ob überhaupt das Papsttum gottgewollt ist, und

4. ob auch Frauen zum Predigtamt und zur Verwaltung der Sakramente zugelassen werden dürfen.

Allgemeines und besonderes Priestertum

Die Berufung aller Christen, das Evangelium weiterzusa-gen, heißt auch „Priestertum aller Gläubigen". Der evange-lisch-katholische Gegensatz bricht bei der Frage auf, ob die personengebundenen Ämter und Dienste in der Kirche sich von diesem allgemeinen Priestertum dem Wesen nach unter-scheiden. Gibt es ein besonderes Priestertum, das durch eine Weihe sakramental begründet wird?

Die *katholische* Kirche bejaht diese Frage. Das Amtspriester-tum gilt als ein notwendiges Zeichen für die Gegenwart Chri-sti in der Kirche. Es beruht nach katholischem Verständnis auf der Berufung der zwölf Apostel durch Jesus und wird durch den Bischof als Nachfolger der Apostel bei der Priesterweihe vermittelt. Dem Priester wird ein unauslöschliches Siegel Christi, der sogenannte „unzerstörbare Charakter", einge-prägt. Durch die Weihe wird der Priester zum Repräsentanten Christi, insbesondere bei der Spendung der Sakramente. Ei-nige sakramentale Handlungen sind nach katholischer Auffas-sung nur gültig, wenn sie von einem so geweihten Priester vollzogen werden.

Geweihte Priester und Laien nehmen auf unterschiedliche Weise am Priestertum Christi teil. Das Konzil erläuterte das in der Kirchen-Konstitution Nr. 10 folgendermassen:

> „Das gemeinsame Priestertum der Gläubigen aber und das Priestertum des Dienstes, das heisst das hierarchische Priestertum, unterscheiden sich zwar dem Wesen und nicht bloss dem Grade nach. Dennoch sind sie einander zugeordnet: das eine wie das andere nämlich nimmt je auf besondere Weise am Priestertum Christi teil. Der Amtspriester nämlich bildet kraft seiner heiligen Gewalt, die er innehat, das priesterliche Volk heran und leitet es; er vollzieht in der Person Christi das eucharistische Opfer und bringt es im Namen des ganzen Volkes Gott dar; die Gläubigen hingegen wirken kraft ihres königlichen Priestertums an der eucharistischen Darbringung mit und üben ihr Priestertum aus im Empfang der Sakramente, im Gebet, in der Danksagung, im Zeugnis eines heiligen Lebens, durch Selbstverleugnung und tätige Liebe."

Evangelische Pfarrer und Pfarrerinnen haben nach katholischen Urteil keine gültige Priesterweihe bekommen, sie stehen nicht in der katholisch verstandenen bischöflichen Ämternachfolge. Darum erkennt die katholische Kirche die Ämter in den evangelischen Kirchen offiziell nicht an. Amtshandlungen wie die Verwaltung des Abendmahls in den evangelischen Kirchen sind nach katholischem Kirchenrecht nicht „gültig" vollzogen, defizitär. Das Zweite Vatikanische Konzil erklärte, „wegen des Fehlens des Weihesakraments (defectus ordinis)" hätten die evangelischen Kirchen „die ursprüngliche und vollständige Wirklichkeit (substantia) des eucharistischen Mysteriums nicht bewahrt" (Ökumenismus-Dekret Nr. 22).

In den *evangelischen* Kirchen wird beim „allgemeinen Priestertum" nicht zwischen Priestern und Laien unterschieden. Der Begriff „Laie" meint hier den Nichtfachmann im Unterschied zum ausgebildeten Theologen. Das Amt des Ordinierten wird als öffentliche Wahrnehmung des Auftrags verstanden, der grundsätzlich der ganzen Kirche und allen Christen gilt. Die Ordination bedeutet nicht die Verleihung eines besonderen Charakters an die Person des Ordinierten. Sie ist ein Berufungsakt, nicht eine Weihe.

> Augsburger Bekenntnis Art. 14:
> „Vom kirchlichen Amt wird gelehrt, dass niemand in der Kirche öffentlich (publice) lehren oder predigen oder die Sakramente reichen soll (debeat), der nicht dazu ordnungsgemäss berufen ist (rite vocatus).

Die Ordination zum „öffentlichen Dienst an Wort und Sakrament" beinhaltet zugleich die volle und höchste Amtsvollmacht in der evangelischen Kirche. Bischöfe, Pröpste usw. üben das ordinierte „Hirten-" oder „Pastorenamt" nur auf einer anderen geographischen Ebene aus; eine „Hierarchie" mit besonderen geistlichen Vollmachten und Gehorsamsstrukturen gibt es in den evangelischen Kirchen nicht.

Innerhalb des Protestantismus hat das ordinierte Amt vielfältige Strukturen: Die *lutherischen* Kirchen verstehen das eine Amt als von Gott eingesetzt zum Dienst am Wort und Sakrament sowie zur geistlichen Gemeindeleitung. In den *reformierten* Kirchen gilt das Amt des Pfarrers und der Pfarrerin als eines unter mehreren gleichrangigen Diensten (Älteste, Lehrer und Diakone), die nach dem neutestamentlichen Vorbild eingerichtet sind.

Apostolische Nachfolge

Die historische Forschung hat nachgewiesen, dass die Ämter und Dienste in der frühen Kirche erst allmählich ausgestaltet wurden. Die Nachfolge der Apostel geschah, wo die apostolische Lehre bewahrt und der apostolische Dienst fortgesetzt wurde, sei es durch „Bischöfe", durch „Presbyter" oder durch ein Kollegium („Synode"). Dem Dienst der Apostel selbst als den Urzeugen und Erstgesandten Jesu Christi kam eine einmalige grundlegende Bedeutung für die Kirche aller Zeiten und Orte zu. Nur für die Nachfolge von Judas wurde einmalig Matthias in das Zwölferkollegium nachgewählt. Danach spielte die Zwöferzahl für die Kirchenverfassung keine Rolle mehr. Erst vom zweiten/dritten Jahrhundert an setzte sich in den Kirchen die bischöfliche Kirchenverfassung durch: Die Bischöfe wurden als Nachfolger der Apostel angesehen und leiteten in einer Stadt die Gemeinschaft mehrerer Ortsgemeinden. Durch Handauflegungen und der Bitte um Gottes Segen wurde das Amt weitervermittelt.

Die *katholische* Kirche ist (zusammen mit der orthodoxen und anglikanischen) der Auffassung, der Heilige Geist habe die Kirche bei der Entwicklung dieser Kirchenverfassung ebenso geleitet, wie er gleichzeitig die Kirche bei der Sammlung der Heiligen Schriften zur Bibel geführt habe. Die bischöfliche Kirchenverfassung mit einer hierarchischen Gliederung von Bischöfen, Presbytern (= Priestern) und Diakonen sei also gottgewollt, und man dürfe nicht Bibel und Entwicklung des Bischofsamtes gegeneinander ausspielen.

Die *evangelischen* Kirchen geben dem in der Bibel bezeugten Ur-Zeugnis der ersten Gemeinden Vorrang vor späteren kirchlichen Traditionen. Der Heilige Geist bindet sich nicht allein an das Bischofsamt, sondern an die rechte Verkündigung des Evangeliums, wo und von wem sie auch immer geschehen mag. Bei der Entwicklung der Kirchenverfassung zeigt sich auch der Einfluss zeitbedingter Vorstellungen, so dass die monarchisch-hierarchischen Züge der bischöflichen Ämterstruktur keineswegs die für das Evangelium und die Kirche einzig richtige Lösung sind.

Eine Annäherung der katholischen und evangelischen Auffassung von rechter apostolischer Nachfolge steht noch aus. Ein gemeinsames Memorandum der Ökumenischen Universitätsinstitute zur Ämteranerkennung fand keine einhellige Zustimmung.

Das Memorandum der deutschen katholischen und evangelischen Ökumenischen Universitätsinstitute „Reform und Anerkennung kirchlicher Ämter" (1973) stellt fest:

„Die apostolische Nachfolge der ganzen Kirche konkretisiert sich in besonderer Weise dort, wo die apostolische Überlieferung bewahrt und der apostolische Dienst fortgesetzt wird. Der Dienst der Leitung erfolgte indessen in den ersten Gemeinden nicht nur aufgrund apostolischer Handauflegungen, auch waren die Bischöfe der früheren Gemeinden noch nicht Leiter eines Bereichs von mehreren Ortskirchen, und die Unterscheidung zwischen Bischöfen und Presbytern setzte sich erst allmählich durch. Die Abfolge bischöflicher Handauflegungen im späteren Sinne ist somit nicht die ausschließliche Bedingung für die Anerkennung einer apostolischen Sukzession ... Die konkrete Ausgestaltung der kirchlichen Dienste muss jeweils funktionsgerecht und deshalb flexibel sein."

Die evangelischen Kirchen stimmen hier dem Memorandum zu. Die katholische Deutsche Bischofskonferenz lehnt es in einer Stellungnahme ab:

„So sehr für katholische Theologen die Begründung im historischen Ursprung wesentlich bleibt, wird doch hier der Glaube in unzulässiger Form der historischen Vernunft untergeordnet. Nicht das Ganze des gewordenen Glaubens der Kirche, sondern seine von den Verfassern vermuteten ersten Stadien gelten als allein maßgebliche Norm ... Für katholische

Glaubensüberzeugung ist es wesentlich, die Schrift in ihrer Ganzheit und in ihrer wesentlichen Zusammengehörigkeit mit der Kirche zu befragen ... Da somit der spezifisch katholische Ansatz im Memorandum ausgeklammert bleibt, kann es nicht als vorwärtsführender Beitrag zur ökumenischen Frage betrachtet werden."

Auch im Verhältnis der evangelischen zu den orthodoxen und anglikanischen Kirchen spielt die Frage der bischöflichen apostolischen Nachfolge eine entscheidende Rolle. Beim Ökumenischen Rat der Kirchen wurde 1982 mit Beteiligung der römisch-katholischen Kirche in der sogenannten „Lima-Erklärung" zu „Taufe, Eucharistie und Amt" hierzu erstmals gesamtchristlich die Frage erörtert, ob die Kirchen sich vielleicht auf das dreigliedrige Amt „Bischof, Presbyter (= Priester, Pfarrer) und Diakon" einigen könnten. Die Antworten der Kirchen auf die Lima-Erklärung geben freilich keinen Anlass, eine baldige Einigung zu erwarten. Auch das Projekt „Lehrverurteilungen" in Deutschland (1985ff) brachte in der Amtsfrage keine Fortschritte.

Papstamt

Im Laufe der ersten Jahrhunderte der Kirchengeschichte wurde die Kirche in mehrere „Patriarchate" eingeteilt. Der Bischof von Rom wurde der Patriarch der westlichen „lateinischen" Kirche, des Abendlandes.

Katholisch

Recht früh wurde in der Christenheit der Gemeinde in Rom als der Hauptstadt des Reiches eine besondere Ehrenrolle zuteil. Bei Streitfragen wurde sie als Berufungsinstanz angerufen. Doch erst seit dem 3. Jahrhundert beriefen sich die römischen Bischöfe darauf, als Nachfolger des Apostel Petrus eine besondere Autorität zu besitzen. Seit dem 5. Jahrhundert beanspruchten die römischen Bischöfe endgültig einen Vorrang (= Primat) gegenüber allen anderen. Wie der Apostel Petrus eine besondere Stellung im Apostelkollegium hatte, so sei der Bischof von Rom als Nachfolger Petri der Papst (von papa, Vater) der Kirche. Beim Ersten Vatikanischen Konzil 1870 wurde der päpstliche Primat zum unumstößlichen Dogma der katholischen Kirche: 1. indem seine endgültigen Entscheidungen in der Glaubens- und Sittenlehre als „unfehlbar" gelten (vgl. den Wortlaut des Unfehlbarkeits-Dogmas in diesem Buch oben S. 19), und 2. indem dem Papst auch rechtlich die Oberhoheit über die ganze Kirche Christi zugesprochen wurde („Jurisdiktionsprimat").

Erstes Vatikanisches Konzil (1870):

„Wir lehren und erklären: Die römische Kirche besitzt nach der Anordnung des Herrn den Vorrang der ordentlichen Gewalt über alle anderen Kirchen. Diese Gewalt der Rechtsbefugnis des römischen Bischofs, die wirklich bischöflichen Charakter hat, ist unmittelbar. Ihr gegenüber sind Hirten und Gläubige jeglichen Ritus und Rangs, einzeln sowohl wie in ihrer Gesamtheit, zur Pflicht hierarchischer Unterordnung und wahren Gehorsams gehalten, nicht allein in Sachen des Glaubens und der Sitten, sondern auch der Ordnung und Regierung der über den ganzen Erdkreis verbreiteten Kirche. Durch Bewahrung dieser Einheit mit dem römischen Bischof in der Gemeinschaft und im Bekenntnis desselben Glaubens ist so die Kirche Christi eine Herde unter einem obersten Hirten. Das ist die Lehre der katholischen Wahrheit, von der niemand abweichen kann, ohne Schaden zu leiden an seinem Glauben und an seinem Heil."

Das Zweite Vatikanische Konzil bestätigte die Dogmen von 1870, erläuterte jedoch ausführlicher die Kollegialität des Papstes mit den Bischöfen. Eine häufig wiederkehrende Wendung besagt, die Bischöfe übten ihr Amt der Leitung und der Lehre *mit und unter dem* Papst aus.

Das Papstamt ist also nach römischem Verständnis von Gott für die ganze Kirche gewollt. An diesem Dogma gibt es nach heutigem Dogmenverständnis inhaltlich nichts zu reformieren. Wohl können einzelne Methoden bei der Ausübung päpstlicher Autorität geändert werden: Der Papst kann beispielsweise seinen Primat mehr seelsorgerlich als rechtlich wahrnehmen, er kann Entscheidungsvollmachten an nationale Bischofskonferenzen delegieren oder beratende Gremien wie Bischofssynoden oder Konzile einberufen, er kann mehr seine *Dienste* anbieten als mit Autorität regieren. Ökumenisch gesonnene Katholiken halten solche Reformen für eine wichtige Voraussetzung, um das Papsttum für andere Kirchen annehmbar zu machen. Die Entwicklung scheint unter dem Pontifikat der letzten Päpste eher zu einer erneuten römischen Zentralisierung zu tendieren, wie die Praxis bei der Ernennung von Bischöfen und Professoren ebenso zeigt wie die unmittelbaren Eingriffe Roms in die Angelegenheiten vieler Diözesen.

In seiner Ökumene-Enzyklika bekundete Papst Johannes Paul II. (1995) hierüber seine Gesprächsbereitschaft:

> „Ich bin überzeugt, diesbezüglich eine besondere Verantwortung zu haben, vor allem wenn ich die ökumenische Sehnsucht der meisten christlichen Gemeinschaften feststelle und die an mich gerichtete Bitte vernehme, eine Form der Primatsausübung zu finden, die zwar keineswegs auf das Wesentliche ihrer Sendung verzichtet, sich aber einer neuen Situation öffnet."

Dieses Gesprächsangebot stellt die dogmatischen Aussagen über den Papstprimat nicht in Frage. Die nichtkatholischen Reaktionen begrüssten jedoch ebenfalls neue Gespräche und verbanden damit die Hoffnung, dass der Papst zwar eine besondere Sprecherrolle in der Christenheit einnehmen könne, dass aber die Dogmen des Ersten Vatikanischen Konzils über die Unfehlbarkeit und den Jurisdiktionsprimat für die nichtrömisch-katholischen Kirchen keine Verbindlichkeit haben wie in der römisch-katholischen Kirche.

Evangelisch

Die Rolle des Apostels Petrus in der Urkirche ist nicht vergleichbar mit dem durch Rechtsprimat und Unfehlbarkeit gekennzeichneten Papstamt. Petrus war kein Papst und kein Bischof von Rom. Wie die katholische Kirche die westliche, „römische" Entwicklung der Kirchenverfassung als Führung des Heiligen Geistes und somit als einzig richtig versteht, so steht dieser Auffassung die Erfahrung des Heiligen Geistes in allen anderen Kirchen im Osten und seit dem 16. Jahrhundert im Westen gegenüber: Auch ohne Papst bewirkt der Heilige Geist hier wahren Glauben und eine lebendige Kirche. Im Papsttum hingegen sehen alle nichtkatholischen Kirchen einen Widerspruch zur alleinigen und absoluten Autorität Jesu Christi, auch wenn das Papstamt als „Dienstamt" bezeichnet wird. Wenn der Papst als „Stellvertreter Christi" oberste Rechtsvollmacht und letztlich bei Dogmen „Unfehlbarkeit" beansprucht, so würden hier Gottes Wort und päpstliche Lehre und Ordnung verwechselt, heisst es. Die bisherige Praxis der hierarchischen katholischen Kirche, vor allem die Verkündigung des Dogmas von der leiblichen Aufnahme Mariens in den Himmel (1950), hat die nichtkatholischen Christen in ihren Bedenken gegenüber dem Papsttum bestätigt. Evangelische Christen sehen im Papstamt weniger ein Zeichen des *Dienstes* an der Einheit als Ausübung von Autorität mit zentralistischen Zügen. Mit Interesse hören sie die Beschwichtigungen katholischer Ökumeniker, der Papstprimat sei doch gar nicht so wichtig zu nehmen („Rom ist weit weg"); aber im Gespräch der Kirchen ist die offizielle römisch-katholische Lehre zu beachten.

Mit der ökumenischen Bewegung hat auch in den nichtkatholischen Kirchen ein Lernprozess eingesetzt. Das traditionelle Nationalkirchentum genügt nicht, um „aller Welt" das Evangelium zu verkündigen und als Christenheit den säkularen Herausforderungen in der Menschheit gerecht zu werden. Dafür ist ein universales Amt der Einheit in der Kirche nötig. Doch welche Struktur ist dafür angebracht?

In der Kirchengeschichte der ersten Jahrhunderte haben Ökumenische Konzile das Einheitsamt wahrgenommen. Heute strebt der Ökumenische Rat der Kirchen eine „Konziliare Gemeinschaft" mit dem Ziel an, dass eines Tages wieder ein universales Konzil für alle Christen verbindlich sprechen kann. Das Amt der Einheit könnte aber auch von einem Kollegium oder von auf Zeit gewählten Einzelpersonen als Sprechern der Christenheit wahrgenommen werden. Einige nichtkatholische Kirchen sind bereit, dem römischen Papst einen „Ehrenprimat" einzuräumen, vorausgesetzt dass die Dogmen des Ersten Vatikanischen Konzils für sie nicht verbindlich sind. „Gemeinschaft mit, aber nicht unter dem Papst" wäre in diesem Sinne ein evangelisch-ökumenisches Angebot.

Frauen im Amt

In der Neuzeit hat sich die Rolle der Frau in der Gesellschaft im Vergleich zu früher geändert. Da keine grundsätzlichen theologischen Bedenken bestehen, gibt es in den meisten evangelischen Kirchen seit einiger Zeit auch Pfarrerinnen. Wie ihre männlichen Kollegen sind sie ordiniert zur öffentlichen Verkündigung des Wortes Gottes und zur Verwaltung der Sakramente.

In der römisch-katholischen Kirche gibt es für Frauen eine Reihe von Diensten, besonders in der Sozial- und Bildungsarbeit. Aber das Priesteramt bleibt Frauen verschlossen, weil Jesus ein Mann war und der geweihte Priester Christus repräsentiert. Außerdem habe Jesus selbst keine Frauen zu Aposteln berufen. Bestrebungen innerhalb der katholischen Kirche, diese traditionelle Lehre als zeitbedingte Haltung zu bewerten und zu ändern, haben Papst Johannes Paul II. nicht überzeugt. Er hat umgekehrt den Vorwurf erhoben, die evangelische Kirche belaste durch Frauen-Ordinationen die Gespräche über eine Anerkennung der Ämter. Im Jahre 1994 erklärte er „definitiv" – auch zur Enttäuschung vieler katholischer Frauen und Männer - : „kraft meines Amtes, die Brüder zu stärken (vgl. Lukas 22,32), dass die Kirche keinerlei Vollmacht hat, Frauen die Priesterweihe zu spenden, und dass sich alle Gläubigen der Kirche endgültig an diese Entscheidung zu halten haben."

Auch die orthodoxen Kirchen teilen diese Ansicht und werfen den reformatorischen Kirchen vor, sie würden durch diese kirchengeschichtlichen Neuerungen die Einigung der Kirchen erschweren. Denn selbst bei einer Verständigung über die anderen dogmatischen Fragen bezüglich eines „Fehlens des Weihesakramentes" würde die Frauenordination ein schwieriger Stolperstein in der Ökumene bleiben.

Die Kirchenverfassung

Mit dem unterschiedlichen Amtsverständnis hängt die jeweilige Kirchenverfassung zusammen.

Katholisch

Nach katholischer Auffassung wird die Einheit der Kirche sichtbar als Einheit in der Kirchenleitung, in der Lehre und in den Sakramenten. Höchster Repräsentant der Einheit ist der Bischof von Rom, der Papst als „Stellvertreter Christi auf Erden". Von dieser Spitze her gliedert sich die katholische Kirche als Weltkirche „hierarchisch" von oben nach unten; die Verfassung trägt „monarchische" Züge.

Diese Hierarchie gilt nicht als eine menschliche Organisationsform, die auch anders vorstellbar wäre, sondern als von Christus selbst eingesetzt. Danach ist diese Gestalt der Kirche

– zugleich geheimnisvoller Leib Christi und sichtbare, verfasste Gesellschaft – „göttlichen Rechtes". In der katholischen Kirche, so lehrt das Zweite Vatikanische Konzil, ist die eine und wahre Kirche Christi verwirklicht. Die Hierarchie mit dem Papst an der Spitze setzt Recht von oben: sie formuliert göttliches Recht, das sie aus der Offenbarung herleitet, und menschliches Kirchenrecht.

Wo Papst und Bischöfe als Nachfolger des Petrus und der übrigen Apostel nicht anerkannt werden, kann nicht im vollen Sinn von Kirche gesprochen werden. Der Papst leitet die Gesamtkirche in Gemeinschaft mit den Bischöfen, doch auf eine Weise, die keine Entscheidungen ohne oder gegen ihn möglich macht. Gegen päpstliche Entscheidungen gibt es keine Berufung. Das gilt auch für „Konzilien", zu denen der Papst alle katholischen Bischöfe zusammenrufen kann.

Das einundzwanzigste und bisher letzte Konzil fand von 1962 bis 1965 in Rom als „Zweites Vatikanum" statt. Die „Bischofssynode" als Vertretung des Weltepiskopats (= alle Bischöfe zusammen) tagt in regelmäßigen Abständen; sie hat beratende Funktion. Als zentrale Behörde zur Regierung der Weltkirche dient dem Papst die sogenannte „Kurie". Der „Vatikan" ist ein eigenes Staatsgebilde innerhalb Roms.

Die römisch-katholische Kirche besteht „in und aus Teilkirchen", Ortskirchen oder Diözesen unter einem Bischof. In jeder dieser Teilkirchen ist die Gesamtkirche in ihrer Fülle gegenwärtig. Die vom Papst ernannten Bischöfe sind als Hirten ihrer Diözesen zugleich Inhaber der vollen Rechtsgewalt in ihren kirchlichen Territorien, wie der Papst die Jurisdiktion über die Gesamtkirche ausübt. In Deutschland sind die Bischöfe in der Deutschen Bischofskonferenz vereinigt.

Ein Pfarrer ist kirchenrechtlich der Vertreter des Bischofs in der Ortsgemeinde. Als geweihtem Priester ist ihm insbesondere die geistliche Betreuung der Gemeindeglieder und die Leitung der Messe anvertraut. Seit dem letzten Konzil stehen ihm in vielen Gemeinden Diplomtheologen und Theologinnen („Gemeindereferenten" oder „Pastoralassistenten") und Diakone zur Seite, die ziemlich selbständig in der Pastoral mitarbeiten, die aber nicht die Sakramentsverwaltung und die Leitung der Gemeinde übernehmen dürfen.

In der katholischen Kirche ist das Kirchenvolk an der eigentlichen Leitung der Kirche nicht beteiligt. „Laien" wirken nur in beratender Funktion mit. Dem Pfarrgemeinderat oder Kirchenvorstand obliegt zusammen mit dem Pfarrer die Verwaltung der Gemeinde.

Seit dem Zweiten Vatikanischen Konzil sind im Zuge einer vorsichtigen „Demokratisierung" auf allen Ebenen der Kirche beratende Gremien entstanden, in denen auch Laien mitwirken: Pfarrgemeinderäte, Diözesanräte und Synoden. In Deutschland tagte von 1971 bis 1975 in Würzburg die „Gemeinsame Synode der Bistümer der Bundesrepublik Deutschland", ähnlich in Dresden eine „Pastoralsynode" für den Bereich der DDR. Deren Beschlüsse bedurften freilich der Zustimmung der Bischöfe, so dass der Begriff „Demokratisierung" eigentlich unzutreffend ist. Doch ist hier ein neues Element in die katholische Kirchenverfassung gekommen, das in seiner Weiterentwicklung noch offen ist. Die Sorge vor zu viel Vielfalt und Liberalität in der Kirche hat freilich einige Jahrzehnte nach dem Konzil wieder zu einem strafferen Führungsstil und zum Rückgang der „demokratischen" Einflüsse in der katholischen Kirche geführt. Im einzelnen sind Unterschiede von Gemeinde zu Gemeinde und von Diözese zu Diözese unverkennbar.

Evangelisch

Nach evangelischer Überzeugung kann keine der verfassten Kirchen beanspruchen, die wahre Kirche zu verwirklichen. Eine wesensmäßige Gleichheit oder Ähnlichkeit der Kirche mit Christus besteht nicht. Christus ist vielmehr Grund und Herkunft ihrer Existenz, auf den sie sich bezieht und auf den sie verweist. Gestalt- oder Verfassungsprinzipien gelten nicht als wesentliche Kennzeichen der Kirche. Kennzeichen der Kirche ist das Geschehen der Verkündigung in Wort und Tat. Die Gemeinschaft, die dadurch entsteht, muss sich organisieren, die Institution Kirche braucht eine rechtliche Ordnung. Aber nach evangelischer Auffassung ist das Kirchenrecht nicht in und mit der Kirche gegeben, sondern dem Auftrag der Kirche zugeordnet: Kirchenrecht ist Dienstordnung, es soll ordnen, was sich von der Bibel her als Auftrag ergibt.

So manifestiert sich nach evangelischem Verständnis auch die Einheit der Kirche nicht rechtlich und formal in der Anerkennung des Amtes, sondern dort, wo „ds Evangelium einträchtig um reinen Verständnis gepredigt und die Sakramente dem göttlichen Wort gemäß gereicht werden" (Augsburger Konfession, Art. 7). Evangelische Kirchenordnungen müssen daran gemessen werden, wieweit sie der Evangeliumsverkündigung dienen. Insofern sind sie nicht willkürliche „Menschensatzungen", aber sie sind grundsätzlich revidierbar.

Es gibt verschiedene Formen evangelischer Kirchenordnungen: presbyteriale, synodale und bischöflich geordnete Verfassungen und auch Mischformen. Die evangelischen Kirchen als Dienst- und Verkündigungsgemeinschaften finden sich zunächst in der Gestalt von Ortsgemeinden vor. Von hier aus bauen sie sich von unten nach oben auf. Höchstes gesetzgebendes Organ ist in Deutschland die Synode einer Landeskirche. Die Synode der Evangelischen Kirche in Deutschland hat nur beschränkte Vollmachten. Eine zentrale, autoritative Instanz kennt der Weltprotestantismus nicht.

Nach jeder evangelischen Kirchenverfassung sind Ordinierte und Nichtordinierte an der Kirchenleitung beteiligt. Die Leitungsvollmacht der Ordinierten ist in den einzelnen Kirchen – je nach ihrem Amtsverständnis – unterschiedlich bestimmt. Der Titel „Geistliche" ist für Ordinierte unangebracht, denn auch alle anderen Dienste in der Kirche sind „geistlich". Insgesamt tragen die evangelischen Verfassungen „demokratische", dass heißt gemeindliche Züge. Das Recht der Selbstverwaltung und der Pfarrerwahl liegt großenteils bei den Ortsgemeinden. Landeskirchen oder Kirchenkreise als größere kirchliche Einheiten erhalten ihre Vollmachten von den Gemeinden her, die wiederum die „demokratisch" beschlossene Ordnung einer Landeskirche anerkennen.

Die Leitung einer evangelischen Kirchengemeinde obliegt dem von den erwachsenen Gemeindegliedern gewählten Kirchenvorstand (Presbyterium/Gemeindekirchenrat); den Vorsitz kann – je nach landeskirchlicher Ordnung – sowohl der Pfarrer oder die Pfarrerin als auch ein nichtordiniertes Gemeindeglied haben. Die Kirchenvorstände wählen Vertreter/innen in die Kreissynode, das „Parlament" des Kirchenkreises. Dieses wiederum entsendet Abgeordnete (Theologen und „Laien") in die Landessynode, das gesetzgebende Gremium. Die Kirchenleitung als ausführendes Organ der Landessynode ist an deren Beschlüsse gebunden.

Die deutschen Landeskirchen bilden zusammen die „Evangelische Kirche in Deutschland" (EKD). Deren Verfassungsorgane sind: die Synode, die Kirchenkonferenz (= Vertreter der Leitungen der Landeskirchen) und der Rat. Deren Beschlüsse benötigen rechtlich die Zustimmung der Landeskirchen. Die EKD ist Mitglied der „Gemeinschaft Evangelischer Kirchen in Europa/Leuenberger Kirchengemeinschaft" (GEKE), der „Konferenz Europäischer Kirchen" (KEK) und des „Ökumenischen (Welt-)Rates der Kirchen", dem Zusammenschluss fast aller nicht-römisch-katholischer Kirchen in Europa und der Welt (Sitz in Genf).

Bilanz

Katholische und evangelische Christen gehören jeweils einer weltweiten kirchlichen Organisation an. Jede Erörterung des evangelisch-katholischen Verhältnisses muss auch vor diesem Horizont geschehen.

Die verwirrende Vielfalt evangelischer Kirchengestalten wird von katholischen Christen gewöhnlich als „Zerrissenheit" empfunden, der gegenüber sie auf die Einheit ihrer eigenen Kirche verweisen. Nach evangelischer Überzeugung ist diese Vielfalt der Formen jedoch ein Ausdruck der unaufgebbaren christlichen Gestaltungsfreiheit, welche die durch Christus gegebene Einheit im Glauben nicht in Frage stellt.

Ist es in der katholischen Kirche die Sakralisierung des Rechts (d. h. die enge Verknüpfung von göttlichem und kirchlichem Recht), die vom evangelischen Glauben her weitaus differenzierter behandelt wird, so bleibt für den Katholiken unannehmbar, dass man im Protestantismus die Gestalt der Kirche für zweitrangig erklärt.

Evangelische Kirchenbünde

23 Evangelische Landeskirchen	Evangelische Kirche in Deutschland EKD	Arbeitsgemeinschaft christlicher Kirchen in Deutschland ACK	Konfessionelle Weltbünde	Ökumenischer Rat der Kirchen ÖRK
Vereinigte Ev.-Luth. Kirche VELKD Bayern, Braunschweig, Hannover, Mecklenburg, Nordelbische Kirche, Schaumburg-Lippe, Sachsen, Thüringen **Übrige lutherische Landeskirchen** Oldenburg, Württemberg **Union Ev. Kirchen UEK** Anhalt, Baden, Berlin-Brandenburg-schles. Oberlausitz, Bremen, Hessen und Nassau, Kurhessen-Waldeck, Lipppe, Pfalz, Pommern, Ev.-ref. Kirche, Rheinland, Kirchenprovinz Sachsen	Synode Kirchenkonferenz Rat Kirchenamt	**Mitglieder:** Alt-Katholiken Altreformierte Anglikaner Baptisten Brüder-Unität EKD Heilsarmee Methodisten Orth. Kirchen Röm.-kath. Kirche Selbst. Ev.-Luth. Kirche **Gastmitglieder:** Adventisten (STA) Apostelamt Jesu Christi Bund Freier ev. Gem. Mülheimer Verband **Ständige Beobachter:** AG Ök. Kreise Ev. Missionswerk Quäker	Luth. Weltbund Reform. Weltbund Bapt. Weltbund Meth. Weltbund Utrechter Union Anglikanische Gemeinschaft Unitätssynode Heilsarmee Generalkonferenz der STA	348 Mitgliedskirchen Vollversammlung – Präsidium – Zentralausschuss – Exekutivausschuss Generalsekretariat (in Genf) **Programmteams:** Glauben und Kirchenverfassung Mission und ök. Ausbildung Gerechtigkeit, Frieden, Schöpfung Frieden und menschl. Sicherheit Internationale Angelegenheiten Dekade zur Überwindung der Gewalt (2001–2010) Ök. Institut/ Hochschule Bossey

RELIGIONS-STATISTIK 2005

I. Deutschland

Bevölkerung:	82 438 000

1. Christen

EKD:	25 385 000
Weitere ev. Kirchen (ca.)	337 000
Baptisten	85 000
Methodisten	62 000
Bund fr. Pfingstgem.	37 000
Selbst.Ev.Luth. Kirche	37.000
Adventisten	36 000
Bund Freier ev. Gem.	35 000
Ev. Brüder Unität	25 000
Mennoniten	6 000
Heilsarmee	4 000
Gemeinde Gottes	3 000
Pfingstler (Mülheimer Verband)	3 000
Freikirchl. Bund	2 000
Kirche des Nazareners	2 000

Einige „Freikirchen" unterscheiden zwischen offiziellen Mitgliedern und tatsächlichen Teilnehmern am Gemeindeleben, so dass die Zahl der Dazugehörigen höher ist als die statistische Mitgliederzahl.

Zahlenmässig nicht zu erfassen sind die Charismatische Bewegung, die Neuen Gemeinden usw.

Röm.-Kath. Kirche:	25 905 000
Alt-Kath.Kirche:	25 000
Orthodoxe Kirchen:	1 376 100

Griechisch-Orthodoxe, Russische,
Serbische, Rumänische, Bulgarische
Polnische, Ukrainische, Exil-Russische,
Rum-Orth. von Antiochien,
Koptische, Äthiopische, Syrische,
Indische, Armenische, Ostsyrische
Orthodoxe Kirche

Christen insgesamt:	53 026 000	(64,3 %)

(in ökumenischer Verbundenheit,
ohne Sondergemeinschaften)

Rel.-christl. Sondergemeinschaften: ca. 600 000
(Christengemeinschaft, Zeugen Jehovas,
Neuapost.Kirche, Mormonen usw.)

2. Kirchliches Leben

	EKD	Kath. Kirche
Kirchengemeinden	16 100	12.747
Pfarrer/innen bzw. Priester	34 426	16.190
davon im aktiven. Dienst	22 636	11 234
davon pensioniert	11 790	4 956
davon Frauen	7 183	

Diakone, Gemeinde-u.Pastoral-		10 056
Referenten/innen		
davon weiblich		4 449

Ordenspriester 4 961

Es gibt 25 199 kath. Ordensfrauen (Nonnen).
Die Gesamtzahl ev. Diakonissen und
Gemeindehelfer/Pädagogen liegt nicht vor.

| Taufen | 223 023 | 196 371 |

Bei den ev. Taufen waren
41 889 (21%) aus ev.-kath. Ehen.

Konfirmationen/Firmungen	269 280	203 575
Trauungen	55 910	49 900
Bestattungen	344 714	258 445

| Sonntägl. Gottesdienstbes. | 952 218 | 3 688 000 |
| Bezogen auf Mitgliederzahl | 4% | 14,2% |

Austritte	119 561	89 565
Eintritte	64 595	16 168
Übertritt aus der ev./kath. Kirche	9 812	4 378

Quelle: Statistische Berichte der EKD: Gezählt – Zahlen und Fakten zum kirchlichen Leben, Hannover 2007.- Kath. Deutsche Bischofskonferenz: Statistische Daten 2005, Bonn 2006. - Veröffentlichungen des Statistischen Bundesamtes, Wiesbaden 2007 (siehe Internet) und Selbstauskünfte der Kirchen und Sondergemeinschaften im Internet.
   Statistische Berichte über das gemeindliche Leben in den Ev. Freikirchen und den orthodoxen Kirchen liegen in dieser Art nicht vor.

3. Religionen in Deutschland

Christen		53 026 000
Juden		195 000
Jüdische Gemeinden	105 000	
Juden ohne relig.		
Zugehörigkeit	90 000	
Muslime		3 300 000
Deutschstämmige	14 000	
Sunniten	2 537 000	
Schiiten	225 000	
Aleviten	410 000	
Andere	114 000	
Buddhisten		245 000
Deutsche Buddhisten	130 000	
Aus Vietnam	60 000	
Aus Thailand	25 000	
Andere	30 000	
Hindus		93 000
Tamilen	44 000	
Ind. Hindus	37 000	
Andere	12 000	
Andere Religionen, ca.		150 000
Nichtchristliche Religionen insgesamt:		< 3 983 000

Abgerundete Bilanz

Christen	53 000 000
Andere Religionen	4 000 000
Nicht rel. Gebundene	25 000 000
Bevölkerung insges.	82 000 000

II. Menschheit
Religionen der Erde (in Millionen)

Christenheit	2 106 962	33,7
Katholiken	1 105 808	17,3
Protestanten	369 848	5,8
Orthodoxe	218 427	3,4
Anglikaner	78 745	1,2
Andere Christen	449 684	6,0
Muslime	1 283 424	20,1
Hindus	851 291	13,3
Chines. Volksreligion	402 065	6,3
Buddhisten	375 440	5,9
Ethnische Religionen	252 769	4,0
Neue Religionen	107 255	1,7
Sikhs	24 989	0,4
Juden	14 990	0,2
Spiritisten	12 882	0,2
Baha'i	7 496	0,1
Konfuzianer	6 447	0,1
Dschainas (Indien)	4 519	0,1
Keine Religionsangabe		14,3

Nach Statistischem Bundesamt Wiesbaden, Stat. Jb. 2006 f. d. Ausland, 241. Es handelt sich weitgehend um Schätzungen. Angegeben ist der Mittelwert von Maximal- und Minimalschätzungen.

Katholische Kirchenverfassung

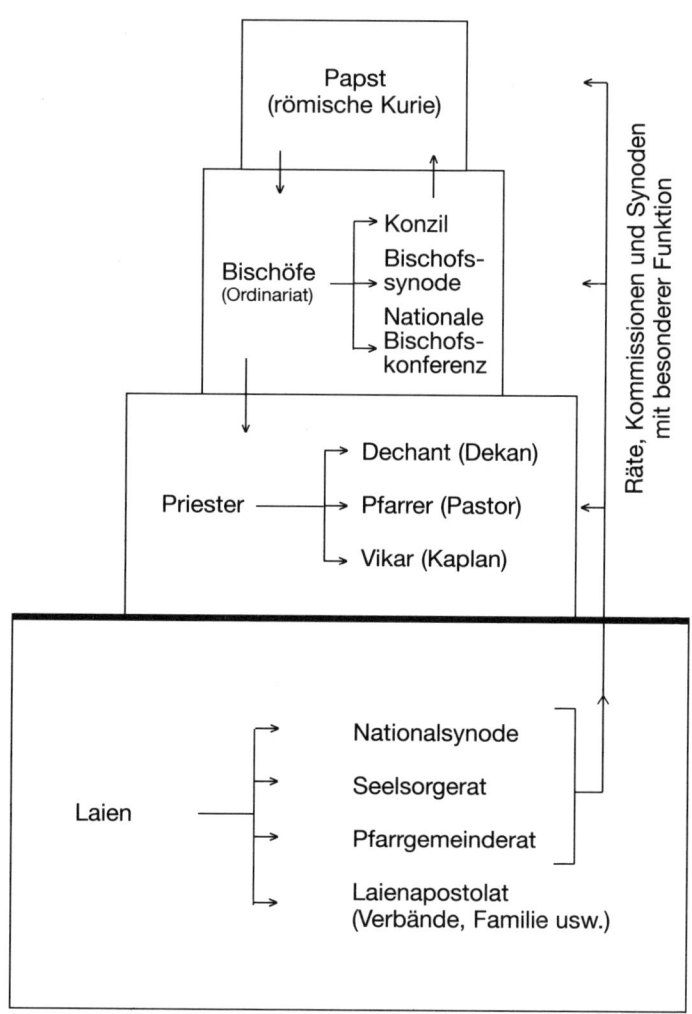

Evangelische Kirchenverfassung

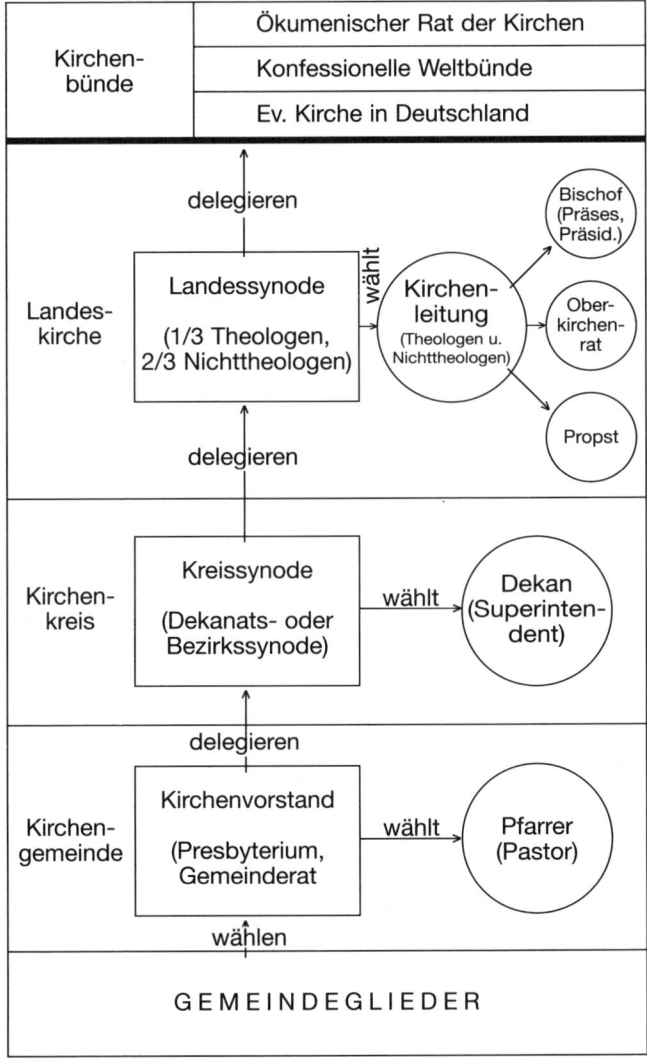

Kirchen-bünde	Ökumenischer Rat der Kirchen
	Konfessionelle Weltbünde
	Ev. Kirche in Deutschland

Landes-kirche

delegieren

Landessynode
(1/3 Theologen,
2/3 Nichttheologen)

wählt

Kirchen-leitung
(Theologen u.
Nichttheologen)

Bischof
(Präses,
Präsid.)

Ober-kirchen-rat

Propst

delegieren

Kirchen-kreis

Kreissynode
(Dekanats- oder
Bezirkssynode)

wählt

Dekan
(Superinten-dent)

delegieren

Kirchen-gemeinde

Kirchenvorstand
(Presbyterium,
Gemeinderat

wählt

Pfarrer
(Pastor)

wählen

GEMEINDEGLIEDER

Rätesystem einer katholischen Diözese

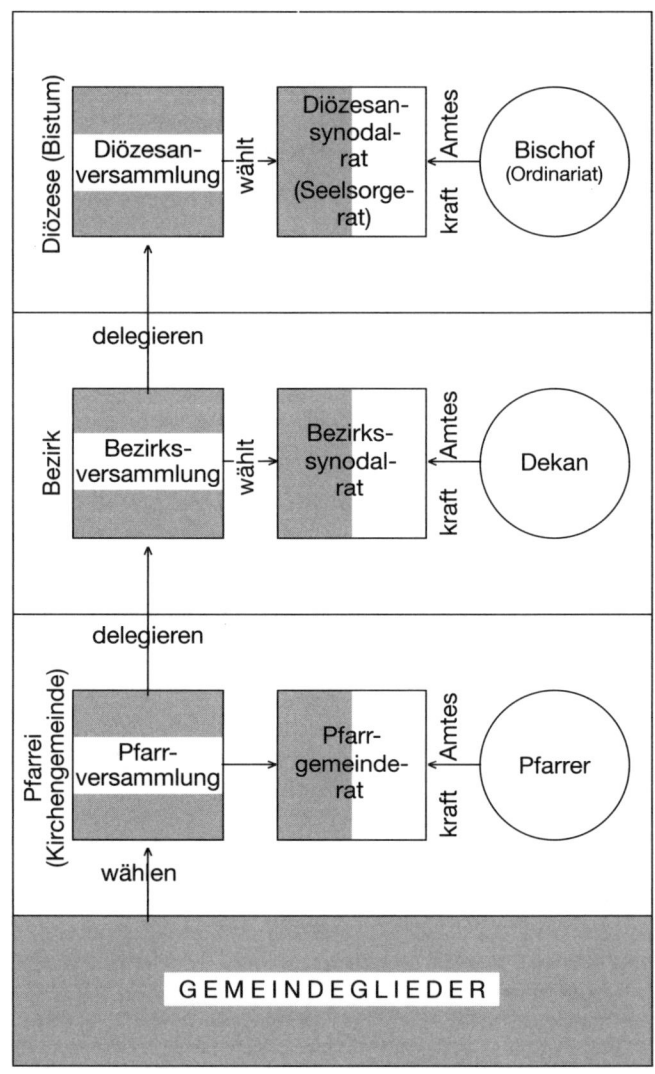

WAS DIE ÖKUMENISCHE BEWEGUNG BEWEGT

Im ersten Kapitel dieses Buches hieß es bereits, die Ökumene sei unerlässlich, jedoch sei eine Vereinigung der römisch-katholischen Kirche und der evangelischen Kirchen zu einer einheitlichen kirchlichen Institution in absehbarer Zeit nicht zu erwarten. Abschließend wird diese Frage noch einmal in zweifacher Hinsicht aufgegriffen:

1. Welche Zielvorstellungen haben die Kirchen? Was erwarten sie künftig von der Einigung der Christenheit?

2. Wie ist eine evangelisch-katholische Zusammenarbeit auf Orts- , Landes- und Weltebene jetzt möglich?

Welche Einheit wollen wir?

Alle Christen bekennen im Glaubensbekenntnis die eine, heilige, allgemeine, christliche (= katholische) und apostolische Kirche. Die meisten Kirchen wollen diese Einheit sichtbar zum Ausdruck bringen. Die verschiedenen Vorstellungen über die konkrete Gestalt kirchlicher Einheit bilden jedoch schwere Hindernisse auf dem Weg zur Einheit.

Katholisch

Nach katholischem Glauben sind alle wesentlichen Elemente der Einheit der Kirche bereits in der katholischen Kirche vorhanden, obwohl die römisch-katholische Kirche, auch durch menschliche Schuld, nicht in der Lage sei, die Einheit zu realisieren. Darum wird eine Erneuerung aller Kirchen erhofft, bei der auch verschiedene kulturelle und konfessionelle Traditionen anerkannt werden können, „damit die bisher getrennten Kirchen ohne Aufgabe ihrer vom Heiligen Geist gewirkten Tradition innerhalb der erneuerten römisch-katholischen Kirche ihren Ort finden können" (Werner Löser SJ: Die römisch-katholische Kirche, Stuttgart 1986, 343).

123

Es soll also nicht der Blick nach rückwärts gerichtet sein, als ob die getrennten Christen in die alleinseligmachende römische Mutterkirche „zurückkehren" müssten. Der Blick geht vielmehr in die Zukunft: In einem geduldigen Prozess des interkonfessionellen Dialogs sollen alle getrennten Kirchen kritisch die berechtigten Anliegen der anderen aufnehmen, um schließlich der „Fülle Christi" und der „Fülle der Katholizität" näher zu kommen. Diese katholische Fülle wird sich nach katholischem Glauben in einer einzigen weitgespannten Institution darstellen, deren Einheit in derselben Lehre, in derselben Leitung (Hierarchie), im selben Kult und im gemeinsamen Dienst der Liebe in der Welt zum Ausdruck kommt.

Das Ökumenismus-Dekret des Zweiten Vatikanischen Konzils formuliert die Einheitskonzeption so:

„In dieser einen und einzigen Kirche Gottes sind schon von den ersten Zeiten an Spaltungen entstanden, die der Apostel aufs schwerste tadelt und verurteilt; in den späteren Jahrhunderten aber sind ausgedehntere Verfeindungen entstanden, und es kam zur Trennung recht großer Gemeinschaften von der vollen Gemeinschaft der katholischen Kirche, oft nicht ohne Schuld der Menschen auf beiden Seiten. Den Menschen jedoch, die jetzt in solchen Gemeinschaften geboren sind und in ihnen den Glauben an Christus erlangen, darf die Schuld der Trennung nicht zur Last gelegt werden – die katholische Kirche betrachtet sie als Brüder, in Verehrung und Liebe. Denn wer an Christus glaubt und in der rechten Weise die Taufe empfangen hat, steht dadurch in einer gewissen, wenn auch nicht vollkommenen Gemeinschaft mit der katholischen Kirche ...

Dennoch erfreuen sich die von uns getrennten Brüder sowohl als einzelne wie auch als Gemeinschaften und Kirchen betrachtet, nicht jener Einheit, die Jesus Christus all denen schenken wollte, die er zu einem Leibe und zur Neuheit des Lebens wiedergeboren und lebendig gemacht hat, jener Einheit, die die Heilige Schrift und die verehrungswürdige Tradition der Kirche bekennt. Denn nur durch die katholische Kirche Christi, die das allgemeine Hilfsmittel des Heiles ist, kann man Zutritt zu der ganzen Fülle der Heilsmittel haben. Denn einzig dem Apostelkollegium, an dessen Spitze Petrus steht, hat der Herr, so glauben wir, alle Güter des Neuen Bundes anvertraut, um den einen Leib Christi auf Erden zu konstituieren, welchem alle völlig eingegliedert werden müssen, die schon auf irgendeine Weise zum Volke Gottes gehören." (Nr. 3)

Papst Paul VI. brachte das Verhältnis der römisch-katholischen Kirche zu den anderen Kirchen in dem Bild von konzentrischen Kreisen zum Ausdruck: Christus ist der Mittelpunkt; die römisch-katholische Kirche ist der engste Kreis um ihn; es folgen die Kirchen mit einem katholischen Amtsverständnis (Orthodoxe, Anglikaner), dann die verschiedenen evangelischen Kirchen und schließlich die nichtchristlichen Religionen und alle Menschen.

Die katholische Kirche erkennt alle Getauften als Christen an, nichtkatholische Christen gelten als „getrennte Brüder" (und Schwestern). Die evangelischen Kirchen, die kein im katholischen Sinne gültiges Bischofsamt besitzen, werden lehramtlich nicht als „Kirche" anerkannt; man spricht von „kirchlichen Gemeinschaften". Im alltäglichen Sprachgebrauch der katholischen Christen spielt dieser Unterschied jedoch kaum eine Rolle. Die katholische Kirche würdigt das Wirken des Heiligen Geistes in den evangelischen Kirchen, etwa beim Hören auf Gottes Wort, im Gottesdienst und im christlichen Leben; sie ist bereit, von den Erfahrungen der Nichtkatholiken zu lernen.

Katholische Einheit schließt vielfältige Formen der Frömmigkeit nicht aus. Dieser Hinweis ist wichtig für das ökumenische Gespräch. Papst Johannes Paul II. führte in seiner Ökumenismus-Enzyklika „Ut unum sint" (1995) aus, welche Themen nach katholischer Auffassung vordringlich geklärt werden müssen, um die notwendige sichtbare Einheit der Kirche zu erreichen:

> „Schon jetzt ist es möglich, die Themen festzulegen, die vertieft werden müssen, um zu einer echten Übereinstimmung im Glauben zu gelangen:
> 1) die Beziehungen zwischen Heiliger Schrift als oberster Autorität in Sachen des Glaubens und der heiligen Tradition als unerlässlicher Interpretation des Wortes Gottes;
> 2) die Eucharistie, Sakrament des Leibes und Blutes Christi, dargebracht zum Lob des Vaters, Gedächtnis des Opfers und Realpräsenz Christi, heiligmachende Ausgießung des Heiligen Geistes;
> 3) die Weihe als Sakrament zum Dienstamt in seinen drei Stufen: Bischofsamt, Priestertum und Diakonat;
> 4) das Lehramt der Kirche, dem Papst und den in Gemeinschaft mit ihm stehenden Bischöfen anvertraut, verstanden als

Verantwortung und Autorität im Namen Christi für die Unterweisung im Glauben und seine Bewahrung;
5) die Jungfrau Maria, Gottesmutter und Ikone der Kirche, geistliche Mutter, die für die Jünger Christi und für die ganze Menschheit Fürbitte leistet."

Eine besondere Bedeutung für die künftigen katholischen Prinzipien des Ökumenismus haben die offiziellen Gespräche der römisch-katholischen Kirche mit den orthodoxen Ostkirchen. Obwohl die Orthodoxen die Dogmen des Ersten Vatikanischen Konzils über die Autorität des Papstes ablehnen, hat die katholische Kirche die Ostkirchen schon jetzt als „Schwesterkirchen" anerkannt und auch Eucharistiegemeinschaft mit ihnen für möglich erachtet. Dies wird aber von den Orthodoxen noch abgelehnt, bis völlige Einheit in der Lehre erreicht ist.

Es kann sich im katholisch-orthodoxen Gespräch vielleicht ein Einheitsmodell ergeben, bei dem die einzelnen Kirchen ihre Selbständigkeit behalten, aber untereinander eucharistische Gemeinschaft pflegen. Voraussetzung ist dabei die gegenseitige Anerkennung des Bischofsamtes, die orthodoxe Billigung eines Ehrenprimates des Papstes und der römisch-katholische Verzicht auf eine orthodoxe Anerkennung der Papst- und Mariendogmen. Welche Erfolgsaussichten dieses „Modell" katholischer und orthodoxer Theologen hat, ist gegenwärtig nicht abzuschätzen – geschweige, ob es auf die katholisch-evangelischen Beziehungen übertragen werden könnte, da ja nach katholischem und orthodoxen Verständnis in den evangelischen Kirchen keine Priesterweihe in bischöflicher apostolischer Sukzession erfolgt.

Aber auch im evangelisch-katholischen Gespräch haben schon einzelne Theologen und Bischöfe eine „korporative Vereinigung" zur Diskussion gestellt, bei der die bisherigen Konfessionskirchen eine gewisse Eigenständigkeit behalten und doch „eine Kirche werden". Erste Voraussetzung dafür wäre ein erfolgreicher Abschluss des 1985 abgeschlossenen evangelisch-katholischen Gesprächs über die „Lehrverurteilungen" im 16. Jahrhundert: Die Kirchenleitungen sollen erklären, die alten Lehrverwerfungen beträfen die heutigen Kirchen nicht mehr. Bisher steht die Antwort aus Rom aus; eine pauschale Erklärung dieser Art ist wohl auch nicht zu erwarten. Also: Geduld ist nötig!

Katholisch

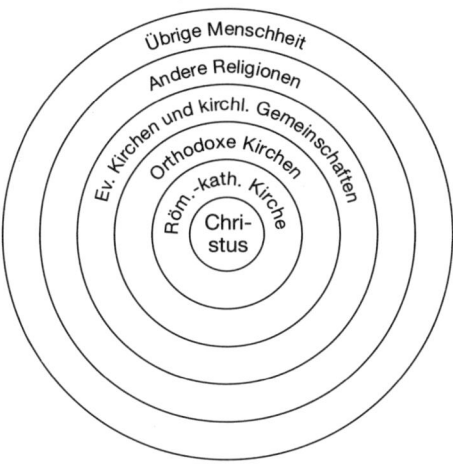

Übrige Menschheit
Andere Religionen
Ev. Kirchen und kirchl. Gemeinschaften
Orthodoxe Kirchen
Röm.-kath. Kirche
Chri-stus

Evangelisch

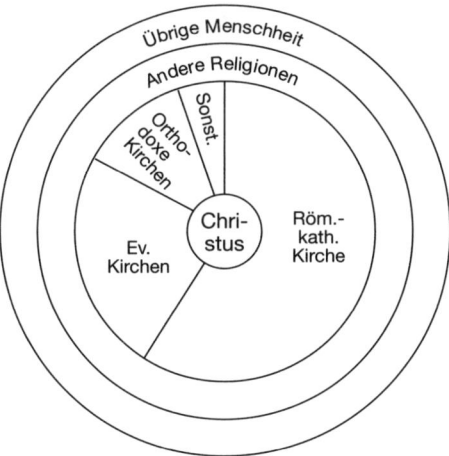

Übrige Menschheit
Andere Religionen
Ortho-doxe Kirchen
Sonst.
Chri-stus
Röm.-kath. Kirche
Ev. Kirchen

Evangelisch

In den evangelischen Kirchen gibt es unterschiedliche Konzeptionen für die Einigung der Christenheit. Einige Theologen sehen die geistlich-unsichtbare Verbundenheit der Christen im Glauben an Jesus Christus als allein wichtig an und halten jegliche Einheitsgestalt der Kirche für unwesentlich. Bei der Vollversammlung des ÖRK in Porto Alegre 2006 sagte der Pfingstler Norberto Sarocco (Argentinien): „Wer am Fusse des Kreuzes steht, der gehört zu derselben Kirche, der ich angehöre. Einheit gründet weder auf der Anerkennung einer hierarchischen Autorität noch auf Dogmen, theologische Übereinkünfte oder Bündnisse zwischen Institutionen."

Andererseits setzt sich im Protestantismus immer mehr die Auffassung durch, über die Verbundenheit im Glauben und Handeln hinaus zu einer verbindlichen Kirchengemeinschaft zu gelangen. In früheren Jahrzehnten wurden im Protestantismus die Einheitsmodelle „Föderation", „Organische Union" und „Gegenseitige Anerkennung" diskutiert.

Föderation meint einen „Bund" von Kirchen, die ihre Eigenständigkeit in Bekenntnis und Verfassung bewahren, aber einen Teil ihrer Verantwortung an den Kirchenbund oder an einen Ökumenischen Rat delegieren.

Unter *Organischer Union* verstehen die Anglikaner eine kirchliche Einheit, bei der viererlei von allen anerkannt werden muss: (1) die Heilige Schrift, (2) das Apostolische und das Nizänische Glaubensbekenntnis, (3) die beiden Sakramente Taufe und Abendmahl und (4) das historische Bischofsamt.

Eine *Gegenseitige Anerkennung* selbständiger Einzelkirchen bedeutet, dass die Mitglieder und die Amtsträger der Konfessionen sich gegenseitig anerkennen, so dass volle Kanzel- und Abendmahlsgemeinschaft und somit Kirchengemeinschaft besteht. Die „Leuenberger Kirchengemeinschaft" (seit 2005: „Gemeinschaft Evangelischer Kirchen in Europa") zwischen lutherischen, reformierten, methodistischen und unierten Kirchen ist ein Beispiel für dieses Modell.

Keines dieser Einheitsmodelle fand allgemeine Zustimmung. Im gegenwärtigen ökumenischen Gespräch werden neue Vorstellungen und Begriffe entwickelt: Ziel der Ökumene sei zunächst, in einer *„Konziliaren Gemeinschaft der Orts-*

gemeinden" oder in einer „*Versöhnten Verschiedenheit der Konfessionen*" zusammenzuleben und offen zu sein für weitere Schritte auf dem ökumenischen Wege zu einem gemeinsamen universalen Konzil.

1. Das Ziel einer *Konziliaren Gemeinschaft* geht davon aus, dass bei den ersten Spannungen in der Urkirche die Einheit bewahrt wurde, indem die Apostel in Jerusalem sich versammelten (Versammlung = lateinisch „Konzil" oder griechisch „Synode") und eine für alle Christen verbindliche Entscheidung trafen (Apg. 15). In späteren Jahrhunderten fanden mehrere Ökumenische Konzile statt, um Glaubensfragen für die ganze Kirche einmütig zu klären. Heute wird gefordert, die bisher getrennten Kirchen sollten darauf hinwirken, dass eines Tages wieder ein wahrhaft universales ökumenisches Konzil für alle Christen und Kirchen verbindlich sprechen kann.

Voraussetzung dafür ist, dass bereits die Ortsgemeinden als „konziliare Gemeinschaften" leben. An jedem Ort (oder in jeder Region, Diözese usw.) müssten die Christen Gemeinschaft im Glauben, in den Sakramenten, im Zeugnis und Dienst sowie im Amt haben (= gemeinsame Autorität in der Kirche und Vertretung nach außen). Die Ortskirchen sollen untereinander eine „konziliare" Praxis pflegen, indem ihre Repräsentanten zu Beratungen und Entscheidungen zusammenkommen. So würde sich die Einheit gewissermaßen von den Gemeinden her aufbauen bis hin zu einem universalen Konzil. Die Einheit stellt sich somit geographisch als Gemeinschaft am Ort dar; die eine weltweite Christenheit ist gegliedert in kulturell verschieden geprägte Ortskirchen, je nach Sprache und politischem System. Der konfessionelle Aspekt der bisher getrennten Kirchen spielt bei diesem Modell keine Rolle mehr.

Die im Ökumenischen Rat verbundenen Kirchen haben bei der Weltkirchenkonferenz in Nairobi 1975 dieses konziliare Ziel beschrieben. Die bisherigen ökumenischen Zusammenkünfte in „Ökumenischen Räten", „Arbeitsgemeinschaften christlicher Kirchen" usw. werden als Teile einer „vor- konziliaren" Bewegung verstanden.

2. Das Einheitsmodell „*Versöhnte Verschiedenheit der Konfessionen*" ergänzt das Ziel der Konziliaren Gemeinschaft durch die Betonung des konfessionellen Aspekts. Die eine Kirche Jesu Christi stellt sich als eine lokale und weltweite Verbin-

dung von Kirchen dar, die geprägt sind durch ihr Bekenntnis, durch bestimmte Formen der Frömmigkeit, der ethischen Einstellung, der theologischen Tradition, des Gottesdienstes, des Gemeindelebens, der Ämter und der Kirchenverfassung. Unter der Voraussetzung einer grundlegenden Übereinstimmung in den wesentlichen Fragen des Glaubens und der Lehre sind die Verschiedenheiten nicht mehr kirchentrennend. Die „Versöhnung" kann sich geistlich und organisatorisch durchaus als „konziliare Gemeinschaft" darstellen.

Das Modell „Versöhnte Verschiedenheit" geht also über eine bloße gegenseitige Anerkennung oder einen lockeren Kirchenbund hinaus. Es wurde vor allem im Luthertum aufgegriffen und stellt den Versuch dar, das Einheitsverständnis des Augsburger Bekenntnisses von 1530 in die heutige ökumenische Bewegung einzubringen. Danach „genügt zur wahren Einheit der christlichen Kirche, dass das Evangelium einträchtig im reinen Verständnis verkündigt und die Sakramente dem Wort Gottes gemäß gereicht werden". (Art. 7)

> *Vollversammlung des Lutherischen Weltbundes in Dar-es-Salam (1975):* „Das Konzept christlicher Einheit ‚versöhnte Verschiedenheit' soll zum Ausdruck bringen, dass die konfessionellen Ausprägungen christlichen Glaubens in ihrer Verschiedenheit einen bleibenden Wert besitzen, dass diese Verschiedenheiten aber, wenn sie gemeinsam auf die Mitte der Heilsbotschaft und des christlichen Glaubens bezogen sind und diese Mitte nicht in Frage stellen, ihren trennenden Charakter verlieren und miteinander versöhnt werden können zu einer verpflichteten ökumenischen Gemeinschaft, die in sich auch konfessionelle Gliederungen bewahrt."

Die beiden Modelle „Konziliare Gemeinschaft der Ortsgemeinden" und „Versöhnte Verschiedenheit der Konfessionen" müssen sich nicht widersprechen. Ein Christ und eine Ortsgemeinde sind immer von beidem geprägt: von der geographisch-kulturellen Umwelt und von der konfessionellen Tradition einer Kirche. Beide Modelle reden freilich von einem Ziel, das noch in weiter Ferne zu liegen scheint. Denn die vorausgesetzte Gemeinschaft im Glauben, in den Sakramenten, im Zeugnis, Dienst und Amt wird eben zwischen den Konfessionen bestritten. Die für eine Versöhnung vorausgesetzte grundlegende Übereinstimmung in der Lehre steht noch aus.

Die römisch-katholische Kirche erkennt in den Zielvorstellungen „Konziliare Gemeinschaft" und „Versöhnte Verschiedenheit" wesentliche Elemente ihrer eigenen Prinzipien des Ökumenismus. Allerdings möchte sie von ihren Voraussetzungen her die hier beschriebene Einheit in die dogmatisch festgelegte Gemeinschaft „mit und unter dem Papst" integrieren. Umgekehrt fällt bei den evangelischen Einheitsmodellen auf, dass übereinstimmend eine hierarchisch gegliederte Einheitsinstitution abgelehnt wird. Im Rahmen einer Konziliaren Gemeinschaft oder Versöhnten Verschiedenheit ist Gemeinschaft *mit*, aber *nicht unter* dem Papst denkbar. Die Parole „Vorwärts nach Rom" statt des früheren „Zurück nach Rom" ist jedenfalls keine annehmbare Lösung für evangelische Christen.

Das evangelisch-katholische Gespräch über das Ziel der Ökumene ist wichtig, damit die Christen auf dem ökumenischen Weg die Orientierung nicht verlieren und nicht müde werden. Andererseits haben die großartigen Einheitsvisionen der Ökumeniker in den Gemeinden ihren Reiz verloren, weil man sich nüchtern wieder auf ein längeres Existieren verschiedener Konfessionen eingestellt hat, obwohl man weithin die theologischen Schwierigkeiten für eine kirchliche Einigung nicht versteht.

Sicher ist: Wenn eine kirchliche Einheitsinstitution nicht in Sicht ist, ist noch nicht die Ökumene am Ende! Die ökumenische Bewegung hat erst begonnen. Sie setzt bei der Einsicht an, dass das Gemeinsame im Glauben wesentlicher ist als das Trennende, und dass es „evangelische" Tendenzen in der katholischen Kirche und „katholische" Tendenzen in den evangelischen Kirchen gibt. Ob darüber hinaus der überkommene evangelisch-katholische Gegensatz überwindbar ist, muss das weitere Gespräch klären.

In ökumenischen Sackgassen landet die leider immer noch verbreitete Selbstgenügsamkeit, für sich selbst „die Fülle der Wahrheit" zu beanspruchen, während alle anderen „defizitär" sind, und umgekehrt: seine eigene Konzentration auf das Wesentliche zur Norm zu erklären und den anderen ein „Zuviel" an Traditionen vorzuhalten. Weiterführend ist die katholische Methode, eine „Hierarchie der Wahrheiten" zu beachten, und die evangelische Rede von der „Mitte der Hl. Schrift", welche

Kriterien ergibt für die Unterscheidung von ewigem gültigem Evangelium und geschichtlich variablen Traditionen.

Doch zuletzt wird es nicht um Papst oder Maria, auch nicht um Martin Luther oder irgendwelche Strukturen gehen. Entscheidend wird eine andere Dimension sein: ob nämlich die Christen glaubwürdig dem folgen, dessen Namen sie tragen.

Charta Oecumenica

Im Jahre 2001 haben nahezu alle christlichen Kirchen in Europa gemeinsam die „Charta Oecumenica" vorgelegt, welche Leitlinien für die wachsende Zusammenarbeit unter den Kirchen enthält. Der Rat der katholischen Europäischen Bischofskonferenzen und die Konferenz Europäischer Kirchen geben hier nicht unverbindliche Ratschläge für ökumenische Freundlichkeiten, sondern das Besondere der „Charta Oecumenica" sind die Selbstverpflichtungen der unterzeichnenden Kirchen. „Wir verpflichten uns" heisst es 27 Mal, und „wir" sind die unterzeichnenden Kirchen, die kirchlichen Organisationen und die Christen insgesamt, die sich die Charta zu eigen machen.

Die Charta enthält keine neuen theologischen Erkenntnisse und ist kein ökumenischer Durchbruch bei den umstrittenen konfessionellen Problemen. Aber sie macht mit ihren gemeinsamen und gegenseitigen Verpflichtungen zur Zusammenarbeit Mut zu einem neuen ökumenischen Aufbruch.

In Deutschland haben fast alle Mitgliedskirchen der Arbeitsgemeinschaft Christlicher Kirchen beim Ökumenischen Kirchentag in Berlin 2003 sich die Charta zu eigen gemacht und durch ihre höchsten Repräsentanten die Christen, die Gemeinden und die kirchlichen Vereine und Verbände aufgerufen, diese Selbstverpflichtungen in die Tat umzusetzen. Viele Gemeinden am Ort haben inzwischen mit der Charta Oecumenica „Partnerschaftsverträge" abgeschlossen, in denen unabhängig vom ökumenischen Wohlwollen einzelner feste Verabredungen zur Ökumene getroffen werden. Mehr als ein „Knigge für ökumenische Freundlichkeiten", nämlich eine ökumenische Revolution der bisherigen Realität sind oder wären im Falle der Realisierung folgende zwei Verpflichtungen:

„(3) Wir verpflichten uns, aufeinander zuzugehen, Selbstgenügsamkeit zu überwinden und Vorurteile zu beseitigen, die Begegnung miteinander zu suchen und füreinander da zu sein."

(4) „Wir verpflichten uns, auf allen Ebenen des kirchlichen Lebens gemeinsam zu handeln, wo die Voraussetzungen dafür gegeben sind und nicht Gründe des Glaubens oder grössere Zweckmässigkeit dem entgegenstehen."

Obwohl hier noch Bremsen eingebaut sind, wird eine Umkehr der noch herrschenden Praxis eingeleitet. Bisher ist der konfessionelle Alleingang normal, und ein ökumenisches Projekt muss begründet werden. Mit der Charta Oecumenica verpflichten sich die Gemeinden umgekehrt, die gemeinsame Aktion für normal anzusehen und den konfessionellen Alleingang zu begründen.

Die Charta geht (I.)vom ökumenischen Grundkonsens aus, wie er in der Hl. Schrift und im Ökumenischen Glaubensbekenntnis von Nizäa-Konstantinopel (381) zum Ausdruck kommt: „Wir glauben `die eine, heilige, katholische und apostolische Kirche`". Sie entfaltet sodann (II.) den „Weg zur sichtbaren Gemeinschaft der Kirchen" mit der „wichtigsten Aufgabe der Kirchen in Europa, gemeinsam das Evangelium durch Wort und Tat für das Heil aller Menschen zu verkündigen". Und sie geht (III.) konkret auf „Unsere gemeinsame Verantwortung in Europa" ein.

„Unser Glaube hilft uns, aus der Vergangenheit zu lernen, und uns dafür einzusetzen, dass der christliche Glaube und die Nächstenliebe Hoffnung ausstrahlen für Moral und Ethik, für Bildung und Kultur, für Politik und Wirtschaft in Europa und in der ganzen Welt." Vor allem „Völker und Kulturen versöhnen" sowie die „Bewahrung der Schöpfung" werden als ökumenische Herausforderung entfaltet. Und schliesslich geht es im pluralen Europa darum, gemeinsam den Dialog mit anderen Religionen und Weltanschauungen zu führen.

Als federführendes Mitglied der kleinen Redaktionsgruppe, welche die Charta Oecumenica entworfen hat, bekennt sich der Autor dieser Zeilen ausdrücklich zu dieser Art realistischer Ökumene.

Evangelisch-katholische Zusammenarbeit

Die Welt unterscheidet längst nicht mehr zwischen Katholiken und Protestanten, sondern horcht allenfalls auf, wenn Christen irgendwo an der geschundenen Menschheit etwas heil zu machen vermögen. „Lehre trennt, Liebe eint", sagte Nathan Söderblom, einer der Initiatoren der modernen ökumenischen Bewegung. Die Liebe unter Christen wird zwar nicht die Einheit der Kirche bewirken, aber durch sie wird mehr Gemeinschaft zwischen Christen und Kirchen möglich.

Der Ruf zur gemeinsamen Tat bedeutet nicht, die alten Konfessionsgrenzen einfach zu überspringen und auf eine dritte „ökumenische" oder „christliche" Konfession zuzugehen. Es hat keinen Sinn, die evangelisch-katholische Einigung dadurch herstellen zu wollen, dass man an den Kirchen vorbei eigene Wege geht und erst einmal eine weitere Konfession bildet, also eine weitere Spaltung herbeiführt. Die alten Konfessionen werden vorerst bleiben; aber die Verketzerungen müssen unterbleiben und über kurz oder lang sollten katholische und evangelische Christen gegenseitig Gastrecht in der anderen Konfession erhalten.

Ökumene am Ort

Ökumene bedeutet mehr als interkonfessionelle Zusammenarbeit kirchlicher Funktionäre. Es geht um das Miteinander der Christen und Gemeinden am Ort. Wichtig ist dabei das Motiv der Zusammenarbeit. Es sollte weniger um die kirchliche Selbsterhaltung gehen als um die glaubwürdige Verkündigung des Willens Gottes und um den Dienst am Menschen.

„Ökumene am Ort" geschieht nicht erst, wenn die Kirchengemeinden oder ihre Einrichtungen etwas Gemeinsames organisieren. Sie beginnt, wenn katholische und evangelische Christen in ihren Familien und Freundschaften, in den säkularen Vereinen und am Arbeitsplatz, in der Freizeit und in Wahrnehmung kultureller und politischer Verantwortung miteinander reden und vom christlichen Glauben motiviert gemeinsam leben, feiern, Not lindern, Frieden zwischen Parteien bewirken usw. Auf dieser Ebene geschieht längst freimütig eine Ökumene, von der viele Pfarrer und andere Kirchenvertreter erst träumen.

In den katholischen und evangelischen Gemeinden wächst das Vertrauen zueinander, wenn ohne Scheu gegenseitiges Gastrecht gewährt wird. In den Jugendgruppen, Frauenkreisen, Kirchenchören usw. sind weithin Gäste der anderen Konfession willkommen. Hier und da leisten ökumenische Gesprächskreise gute Pionierarbeit für ein besseres gegenseitiges Verstehen. Die organisierten Kirchen und die Dachverbände der einzelnen kirchlichen Arbeitsgebiete sind naturgemäß schwerfälliger beim Beschreiten neuer Wege. Die haupt- und nebenamtlichen Mitarbeiter aus der katholischen und evangelischen Gemeinde, die evangelischen Presbyterien (Kirchenvorstände) und katholischen Pfarrgemeinderäte, die Gemeindegruppen, die Vereine usw. könnten sich regelmäßig treffen, sich austauschen, gemeinsam planen und handeln. Ehe- und Erziehungsberatungsstellen, Bildungswerke oder soziale Einrichtungen könnten unter gemeinsamer Trägerschaft vielleicht effektiver sein als im Alleingang einer Konfession. Bei anderen Aktionen (z. B. Sammlungen) scheint bisweilen das getrennte Vorgehen vorteilhafter zu sein.

Gemeinsame Gottesdienste werden mehr und mehr üblich. Die katholische Kirche macht zwar noch Vorbehalte. Sie betont dass es sich nur um „Wortgottesdienste" handelt und ihr Besuch nicht etwa eine Erfüllung der Sonntagspflicht sei. Aber warum sollen evangelische und katholische Christen nicht gemeinsam beten und auf Gott hören? Ohne diese vertikale Orientierung gibt es keinen horizontalen Fortschritt.

Einige Kirchengemeinden haben gute Erfahrungen mit einem lokalen Ökumenischen Rat gemacht. Die meisten Räte leiden allerdings noch unter ihrer Kompetenzlosigkeit. Die Kirchenvorstände und Pfarrgemeinderäte müssten den Mut aufbringen, hierher Verantwortung zu delegieren, damit die Ökumene am Ort nicht im belanglosen Austausch von Freundlichkeiten steckenbleibt.

Es scheint sich seit den achtziger Jahren freilich eher ein Rückschritt in dieser Art evangelisch-katholischer Zusammenarbeit anzubahnen, als dass Pfarrer und Gemeindemitglieder Energie für den Aufbau ökumenischer Strukturen entwickeln würden. Das hat verschiedene Gründe. In den Gemeinden ist wieder ein stärkeres Bedürfnis nach konfessioneller Orientierung im Glauben erwacht. Die Gemeindekreise leben weithin für sich, und die Verantwortlichen in den Gemeinden haben genug Probleme in der eigenen Kirche zu bewältigen. Ökumenische Kontakte können eine zusätzliche Belastung sein, sowohl bezüglich der Probleme als auch der Mehrarbeit für die ohnehin ausgelasteten kirchlichen Mitarbeiter. So legt man Wert auf freundliche Kontakte, aber man engagiert sich nicht für ökumenische Experimente. Es ist ungerecht und sinnlos, sich dafür gegenseitig „Schwarze Peter" zuzuschieben und mangelndes ökumenisches Interesse vorzuwerfen. Es ist vielmehr nüchtern festzustellen, dass nach einer Zeit allgemeiner Aufbruchsstimmung, des Experimentierens und des Fortschrittglaubens sich das Bewusstsein (vorübergehend?) geändert hat und die Menschen in der Kirche wieder eine klar identifizierbare Gemeinschaft suchen, die geistliche und geistige Geborgenheit vermittelt. Manche Frommen fühlen sich durch mehr Ökumene verunsichert und nicht bereichert. Kirchenamtlich „erlaubt" sind viel mehr ökumenische Kontakte als wahrgenommen werden. Es müssten nur Leute da sein, die „Ökumene am Ort" zu ihrer Sache machen und nicht alles von den Pfarrern erwarten.

Ökumene in Deutschland

Auf Landes- und Bundesebene bestehen zahlreiche Kontakte zwischen den Kirchen. Es gibt Ökumenische Kommissionen zwischen evangelischen und katholischen Kirchenleitungen und gemeinsame Aktionen zwischen den Werken und Verbänden. Katholikentag und Evangelischer Kirchentag veranstalteten bereits 1971 das Ökumenische Pfingsttreffen in Augsburg und dann 2003 den grossen Ökumenischen Kirchentag in Berlin mit mehr als 120 000 Teilnehmern aus allen Konfessionen und Ländern. Beim Katholikentag und Evangelischen Kirchentag sind grundsätzlich die Glieder der anderen Konfession zur Teilnahme eingeladen. Der nächste Ökumenische Kirchentag wird bereits für 2010 in München geplant.

Zwischen einzelnen evangelischen Landeskirchen und katholischen Diözesen wurden Vereinbarungen über gemeinsam berührende Amtshandlungen getroffen, z. B. bei Taufen und Trauungen, aber auch über die Zusammenarbeit in der Sozialarbeit, der Ehe-, Kur- und Militärseelsorge. Regelmäßig trifft sich die „Kontaktkommission" des Rates der EKD und der katholischen Deutschen Bischofskonferenz.

Neben dieser zweiseitigen evangelisch-katholischen Zusammenarbeit geschieht die Ökumene in Deutschland in der *Arbeitsgemeinschaft Christlicher Kirchen.* Ihr gehören alle größeren Kirchen in der Bundesrepublik Deutschland an. Sie unterhält den Deutschen Ökumenischen Studienausschuss und in Frankfurt am Main die Ökumenische Centrale mit je einer halben Stelle für einen evangelischen, katholischen, orthodoxen und freikirchlichen Mitarbeiter. Auf unterer geographischer Ebene, teilweise gegliedert nach Bundesländern, gibt es Regionale Arbeitsgemeinschaften christlicher Kirchen.

Aus der Satzung der Arbeitsgemeinschaft Christlicher Kirchen in Deutschland:

„§ 1 Grundlage

1.1 Die unterzeichneten Kirchen und kirchlichen Gemeinschaften in der Bundesrepublik Deutschland bilden die „Arbeitsgemeinschaft Christlicher Kirchen in Deutschland e. V." zu gemeinsamem Zeugnis und Dienst.

1.2 Sie bekennen den Herrn Jesus Christus gemäß der Heiligen Schrift als Gott und Heiland und trachten darum, gemeinsam zu erfüllen, wozu sie berufen sind, zur Ehre Gottes, des Vaters, des Sohnes und des Heiligen Geistes,

§ 2 Aufgaben

Die Arbeitsgemeinschaft dient der ökumenischen Zusammenarbeit durch die Erfüllung folgender Aufgaben:

2.1 Gegenseitige Information, Beratung und Zusammenarbeit im gemeinsamen Zeugnis, Dienst und Gebet;

2.2 Unterstützung der Zusammenarbeit zwischen den Kirchen auf lokaler, regionaler und internationaler Ebene;

2.3 Förderung des theologischen Gesprächs mit dem Ziel der Klärung und Verständigung;

2.4 Vermittlung bei Meinungsverschiedenheiten zwischen einzelnen Mitgliedern;

2.5 Vertretung besonderer Anliegen einzelner Mitglieder auf deren Antrag;

2.6 Wahrnehmung gemeinsamer Aufgaben nach außen und in der Öffentlichkeit;

2.7 Vertretung gemeinsamer Anliegen der Mitgliedskirchen bei politischen Institutionen;

2.8 Unterrichtung der Öffentlichkeit über ökumenische Ereignisse und über den Stand der ökumenischen Bemühungen sowie Förderung des ökumenischen Verantwortungsbewusstseins."

Die Europäischen Ökumenischen Versammlungen in Basel 1989 und in Graz 1997 waren Meilensteine der europäischen Kirchengeschichte. Sie wurden getragen von der Konferenz Europäischer Kirchen (= alle nicht-römisch-katholischen Kirchen in Europa) und vom Katholischen Europäischen Bischofsrat und vereinten erstmals Delegierte fast aller christlichen Kirchen in Europa.

Deutlich wurde dabei, dass die Kirchen im mehr und mehr sich säkularisierenden Europa gewillt und in der Lage sind, gemeinsam ihr christliches Erbe in Kultur und Gesellschaft einzubringen. Die katholische Kirche hat es dabei etwas leichter als die Gemeinschaft der übrigen Kirchen. Sie hat ein relativ klares Konzept für ein „christliches Europa"; und in vielen Ländern stellt sie einen Großteil der Bevölkerung, so dass sie bei dem neu aufbrechenden ethnischen Bewusstsein vor allem in Osteuropa ihre Tradition zur Geltung zu bringen sucht und nach der Wende in Osteuropa eine Re-Evangelisierung der Gesellschaft intendiert.

Die nicht-katholischen Kirchen haben bisher weder eine klare Europakonzeption, noch wissen die oft kleinen evangelischen Minderheitskirchen in Ost- und Südeuropa, wie sie angesichts des großen katholischen Übergewichts ihre Anliegen einbringen sollen. Die Ökumene mit der katholischen Kirche steckt hier noch in den Anfängen. Überhaupt hat die Ökumene in Europa zahlenmässig mit anderen Realitäten zu rechnen als in Deutschland: die meisten Kirchen in Europa sind entweder grosse konfessionelle Volks- oder Nationalkirchen oder kleine Minderheitskirchen. Die deutschen ökumenischen Erfahrungen, wo fast jeder in seiner Familie mit einem Christen aus einer anderen Konfession verwandt ist, sind einmalig.

Bei den Institutionen der europäischen Union wird der Beitrag der Kirchen gewünscht, um „Europa eine Seele" zu geben und weil die Kirchen wie keine andere gesellschaftliche Gruppe in Europa nahe bei den Menschen sind und durch ihre Erziehungs- und Kulturarbeit Europa mitgestalten können. Politiker haben freilich grosse Schwierigkeiten, mit einer Fülle konfessioneller Voten und Texte aus den verschiedensten Ländern umzugehen. Sie wünschen sehr den Beitrag der Kirchen etwa zur Bioethik, zur Sozialarbeit oder zur Friedens-

und Versöhnungsarbeit – „aber bitte nicht getrennt, sondern in der Trinität der katholischen, orthodoxen und protestantischen Tradition" (Romano Prodi). In dieser Hinsicht geschieht einiges gemeinsam durch die kirchlichen Büros in Brüssel, aber es gibt auch noch viele konfessionelle und nationale Alleingänge der Kirchen, welche ein einmütiges christliches Zeugnis erschweren.

Die nicht-katholischen Kirchen in Europa arbeiten untereinander immer mehr zusammen. Es gibt im Rahmen der Konferenz Europäischer Kirchen zahlreiche Kommissionen und Arbeitsgruppen (z. B. die Kommission für Kirche und Gesellschaft), die auch bei den Institutionen der Europäischen Gemeinschaft in Brüssel und Straßburg mitwirken. Die Zusammenarbeit mit entsprechenden katholischen Organisationen beginnt zu wachsen. Gemeinsames Ziel ist es, Europa nicht nur unter dem Gesichtspunkt des Marktes zu sehen, sondern die geistigen, kulturellen und geistlichen Werte zur Geltung zu bringen.

Ökumene in der Welt

Im *Ökumenischen Rat der Kirchen* sind seit 1948 fast alle nicht-römisch-katholischen Kirchen der Welt zusammengeschlossen (Sitz in Genf). Er repräsentiert insgesamt knapp 750 Millionen Christen, das sind etwas mehr als die Hälfte der römisch-katholischen Kirchenmitglieder.

Die Basisformel des Ökumenischen Rates lautet:
„Der Ökumenische Rat der Kirchen ist eine Gemeinschaft von Kirchen, die den Herrn Jesus Christus gemäß der Heiligen Schrift als Gott und Heiland bekennen und darum gemeinsam zu erfüllen trachten, wozu sie berufen sind, zur Ehre Gottes, des Vaters, des Sohnes und des Heiligen Geistes."

Der Ökumenische Rat hat keine Weisungsbefugnisse über die Kirchen. Er will eine Plattform sein, wo die Kirchen gemeinsam in der Welt handeln können (Friedensdienst, Entwicklungshilfe, Antirassismus usw.) und wo die Kirchen theologisch sich verständigen. Alle sieben bis acht Jahre findet eine Vollversammlung des Ökumenischen Rates statt, bekannt als „Weltkirchenkonferenz" (z. B. Uppsala 1968, Nairobi 1975, Vancouver 1983, Canberra 1991, Harare 1998 und Porto Alegre 2006). Deren Berichte geben viele Anregungen für die ökumenische Arbeit in den Ortsgemeinden.

Die *römisch-katholische Kirche* hatte sich vor dem Zweiten Vatikanischen Konzil vom Ökumenischen Rat zurückgehalten, weil sie wegen ihres Selbstverständnisses nicht als gleichgestellt mit anderen Kirchen erscheinen wollte. Heute sieht die katholische Kirche keine dogmatischen Hindernisse mehr, dem Ökumenischen Rat beizutreten, weil der Rat kirchlich neutral ist und jeder Mitgliedskirche ein eigenes Selbstverständnis zugesteht.

Dennoch gibt es noch Bedenken gegen eine römisch-katholische Mitgliedschaft:

1. Als Mitglied des Ökumenischen Rates würde die römisch-katholische Kirche eine Konfession unter anderen sein. Sie würde dadurch möglicherweise die Spaltung der Christenheit zementieren, weil man sich an diese Form der Gemeinschaft der Kirchen gewöhnt. Die katholische Kirche könnte somit selber ihr Ziel torpedieren, eine institutionelle Einheit der Kirche herzustellen.

2. Es bestehen Strukturprobleme. Die große römisch-katholische Kirche könnte die inzwischen im ÖRK gewachsene Gemeinschaft der anderen Kirchen gefährden. Bei der demokratischen Verfassung des Rates würde sie ein Übergewicht haben, das es den kleinen Kirchen erschwert, ihre Belange zur Geltung zu bringen.

3. Es müsste von vornherein klar sein, in welchem Verhältnis das Sprechen und Handeln des Ökumenischen Rates zu dem der römisch-katholischen Kirche steht. Sonst könnte der Eindruck entstehen, als hätte der Papst etwas von seiner Autorität aufgegeben. Ferner ist noch unklar, welche Bedeutung der völkerrechtliche Status des Heiligen Stuhles für das gemeinsame Handeln im Ökumenischen Rat haben würde. Im Vatikan hat man als Weltkirche bei vielen Herausforderungen bereits eine klare Position, wenn im ÖRK noch um eine gemeinsame Haltung gerungen wird. Rom befürchtet dann, zu enge Gemeinschaft mit dem ÖRK könne die weltpolitische Relevanz der römisch-katholischen Kirche eher schwächen als stärken.

In naher Zukunft ist beim ÖRK kein römisch-katholischer Beitrittsantrag zu erwarten. Das soll jedoch nicht hindern, auf Stabsebene und bei einzelnen Projekten noch enger als bisher zusammenzuarbeiten. Bereits jetzt stehen alle Abteilungen des Ökumenischen Zentrums in Genf in ständigem Austausch mit entsprechenden römisch-katholischen Stellen. Schwierigkeiten in der Zusammenarbeit wurden deutlich, als der Gemeinsame Ausschuss für Gesellschaft, Entwicklung und Frieden („Sodepax", 1968-1980) aufgelöst wurde, weil er neben bloßer Studienarbeit auch eigenständige Aktionen begann, die nicht ganz in das Konzept der vatikanischen Diplomatie passten. Es ist auch kein Geheimnis, dass der ÖRK bei einigen Programmen (Antirassismus, Frauenfragen, Friedensdienste, Befreiungstheologien) vom Vatikan deutlich kritisiert wurde.

Neben der Zusammenarbeit auf der Ebene des Ökumenischen Rates der Kirchen finden zahlreiche zweiseitige Begegnungen einzelner Konfessionsfamilien mit der römisch-katholischen Kirche statt. So gibt es u. a. Gemeinsame theologische Arbeitsgruppen des Päpstlichen Rates für die Einheit der Christen mit den Orthodoxen Kirchen, der Anglikanischen Gemeinschaft, dem Lutherischen, dem Reformierten, dem Methodistischen und dem Baptistischen Weltbund. Diese Kommissionen haben bereits gemeinsame Studiendokumente den Kirchen zur Beratung vorgelegt.

Solche Gemeinschaft in der Christenheit bedeutet mehr als bloße friedliche Koexistenz. Durch sie wird Vertrauen geschaffen und die Lieblosigkeit abgebaut, die sich im Laufe der Jahrhunderte zwischen den Konfessionen aufgetürmt hat. Die Christen verschiedener Konfessionen lernen, vorurteilsfrei miteinander umzugehen und trotz der Differenzen in einzelnen Sachfragen sich als Schwestern und Brüder anzuerkennen. So erfüllt sich bruchstückhaft das Gebet Christi, „dass alle eins seien".

Die Charta Oecumenica schliesst mit einer Hoffnung: „Jesus Christus ist als Herr der einen Kirche unsere grösste Hoffnung auf Versöhnung und Frieden. In seinem Namen wollen wir den gemeinsamen Weg in Europa weitergehen. Wir bitten Gott um den Beistand seines Heiligen Geistes."

BEGRIFFS-ERKLÄRUNGEN

(grch. = griechisch; lat. = lateinisch)

Abendmahl = Feier zum Gedächtnis des letzten Mahles Jesu mit seinen Jüngern = Verkündigung der Sündenvergebung und der Gemeinschaft mit Gott und untereinander

Anglikaner = Glieder der anglikanischen Kirche, die im 16. Jahrhundert als englische Staatskirche sich von der röm.-kath. Kirche trennte

Apostolische Sukzession = „In der Nachfolge der Apostel": 1. bezogen auf die Nachfolger der Apostel, 2. bezogen auf die Lehre der Apostel

Bistum = Kirchengebiet eines Bischofs (= Diözese)

Dekret = (lat.) „Beschluss"; eine verbindliche Entscheidung der katholischen Hierarchie

Diözese = (grch.) „Haushaltung"; kirchlicher Verwaltungsbezirk (= Bistum, Sprengel)

Direktorium = (lat.) „Anordnung"; Richtlinien zur Ausführung katholischer Beschlüsse

Dogma = (grch.) Glaubenssatz, Lehre

Ethik = (grch. ethos = Sitte) „Sittenlehre"; vgl. Moral

Eucharistie = (grch.) ursprünglich Dank- und Lobgebet, insbesondere beim „Abendmahl". Heute Bezeichnung für das katholische Abendmahl insgesamt als Vergegenwärtigung des Opfertodes Jesu Christi

Evangelisch = dem Evangelium gemäß. Bezeichnung für die reformatorischen Kirchen

Evangelium = (grch.) die gute Nachricht; 1. Bezeichnung für die Predigt Jesu von Nazareth und für das, was Gott durch ihn tat, 2. Bezeichnung für die biblischen Berichte über Jesus

Hierarchie = (grch.) „heilige Herrschaft"; Rangordnung der geistlichen Leitung der katholischen Kirche: Papst – Bischöfe – Priester

Humanisierung = (lat.) „Vermenschlichung"; Sorge für mehr Menschlichkeit

Interkommunion = (lat.) „Zwischen-Gemeinschaft"; eine (unsinnige) Bezeichnung für die evangelisch-katholische Abendmahlsgemeinschaft

142

Jurisdiktion	= (lat.) „Rechtssprechung"; Rechtsvollmacht, Gerichtsbarkeit
Kanon	= (grch./lat.) „Regel"; 1. Sammlung der verbindlichen Heiligen Schriften (Bibel), 2. Ordnung der katholischen Messe, 3. Sammlung von Kirchengesetzen
Kardinal	= (lat.) „vorzüglich, vornehmlich"; Titel der ca. 120 vornehmsten katholischen Geistlichen, die jeweils einen neuen Papst wählen
Katholisch	= (grch.) ganz, umfassend, allgemein, ungeteilt. Bezeichnung für umfassende Gültigkeit und Rechtgläubigkeit der christlichen Kirche. Auch Konfessionsbezeichnung für die römisch-katholische Kirche
Kommunion	= (lat.) „Gemeinschaft"; bes. Bezeichnung für das Abendmahl als Gemeinschaft mit Gott und der Gemeinde
Konfession	= (lat.) Bekenntnis: 1. Bezeichnung für eine kirchliche Gemeinschaft, 2. Glaubensbekenntnis, 3. Sündenbekenntnis
Kongregation	= 1. Eine Kommission und päpstliche Behörde in Rom, 2. eine Vereinigung von Klöstern.
Konkordie	= (lat.) Übereinstimmung, Bezeichnung für eine schriftliche Übereinkunft und Einigung bisher getrennter Kirchen
Konsens	= (lat.) Übereinstimmung in einzelnen Glaubensfragen
Konstitution	= (lat.) „Verfassung"; katholisches Dokument mit dogmatisch verbindlichem Inhalt
Kontroverse	= (lat.) Gegensatz
Konzil	= (lat.) „Versammlung"; Zusammenkunft aller katholischen Bischöfe der Welt
Kriterium	= (grch./lat.) Urteil, Massstab
Kurie	= (lat.) „Rathaus"; päpstliche Behörden in Rom
Liturgie	= (grch.) Dienst, Gottesdienst; katholisch: Bezeichnung für die ganze Messe; evangelisch: Bezeichnung für die Ordnung des Gottesdienstes
Messe	= Katholischer Gottesdienst mit Abendmahlsfeier; genannt nach den lateinischen Schlussworten „ite, missa est" = geht, die Gemeinde ist entlassen
Moral	= (lat. mos = Sitte) „sittlicher Grundsatz", Tugend
Ökumene	= (grch.) die ganze bewohnte Erde: 1. die Kirche insgesamt, 2. die internationalen Beziehungen der Kirchen, 3. die interkonfessionellen Beziehungen

Offenbarung	= im kirchlichen Sprachgebrauch die Enthüllung oder Bekanntmachung des göttlichen Geheimnisses durch Jesus Christus
Orden	= In der kath. Kirche Bezeichnung für die weiblichen und männlichen Klostergemeinschaften
Orthodoxe	= (grch.) Vertreter der „rechten Lehre"; Glieder der Ostkirchen (z. B. in Griechenland und Russland)
Pastor	= (lat.) „Hirt"; Seelenhirt, Seelsorger, Pfarrer
Patronat	= (lat.) von „pater": eine Schirmherrschaft des Stifters von Kirchen mit bes. Rechten und Pflichten gegenüber der Gemeinde
Presbyter	= (grch.) „Ältester"; evangelisch: gewählter Gemeindevorsteher; katholisch: in anderem Sinn daraus abgeleitet: „Priester"
Priester	= 1. Allgemein: Amtsträger, die einen Opferkult darbringen. 2. Katholisch: geweihter Amtsträger, der die Heilsgüter der Kirche dem Volk vermittelt (abgeleitet von „presbyter" = Ältester). Ev. Ordinierte sind keine Priester, weil sie kein Opfer darbringen.
profan	= (lat.) vor oder außer dem Tempel befindlich: nicht heilig, weltlich
Protestant	= (lat.) wer für etwas eintritt. 1. 1529 traten einige Fürsten für die Reformation ein, indem sie gegen einen Speyerer Reichstagsbeschluß protestierten, sie hießen seitdem „Protestanten", 2. Bezeichnung für alle Evangelischen
Prozession	= (lat.) = „Vorrücken"; ein feierlicher Umzug
Rechtfertigung	= Bezeichnung dafür, dass Gott die Menschheit durch Christus erlöst hat; der Mensch wird allein aus Gnaden durch den Glauben gerecht
Ritus	= (lat.) „Gebrauch"; Form der religiösen Feiern
sakral	= (lat.) heilig, geheiligt
Sakrament	= (lat.) heilige oder geheiligte Handlung (vorchristlich vor allem der Eid). Unterschiedliche Bedeutungen in der Kirchengeschichte: 1. „Geheimnis" Gottes und des Glaubens, 2. „Göttliches Gnadenmittel", d. h. eine Handlung mit sichtbaren Zeichen (Wasser, Brot, Wein usw.) und unsichtbarer Gnade. Kath: Sieben Sakramente (Taufe, Eucharistie, Busse (Beichte), Firmung, Ehe, Priesterweihe, Krankensalbung). – Ev.: Zwei von Christus eingesetzte Handlungen: Taufe und Abendmahl.
Stuhl, Heiliger	= Bezeichnung für den Sitz des römischen Bischofs, des Papstes (vgl. Vatikan, Kurie, Hierarchie)

Subsidiarität	= (lat.) ursprünglich „Hilfe leisten". Heute ein Sozialprinzip, wonach eine gesellschaftliche Aufgabe möglichst von der unteren, kleineren Einheit wahrgenommen wird und die grössere Einheit wie z.B. der Staat subsidiär eingreift und hilft.
Symbol	= (grch.) Zeichen, Sinnbild; in theol. Fachsprache auch Unterscheidungszeichen, Glaubensbekenntnis
Synode	= (grch.) „Versammlung" (lat. „Konzil"); gewählte Leitungsorgane der evangelischen und orthodoxen Kirchen. Katholisch: seltener gebraucht, von 1972 bis 1975 Zusammenkunft von Abgeordneten aller deutschen Diözesen (Bischöfe, Priester und Laien) in der „Würzburger Synode" („Pastoral-Synode" in Dresden)
Theologie	= (grch.) Lehre von Gott
Vatikan	= Die röm.-kath. Kirche als unabhängiger Staat in Rom, auf dem Vatikanberg gelegen. Diplomatische Beziehungen mit den meisten Staaten der Welt. Die Botschafter heissen „Apostolischer Nuntius".
Wort Gottes	= Gott redet, indem er handelt: 1. durch Jesus Christus, 2. durch Verkündigung (Bibel, Predigt, Taten)

LITERATURHINWEISE

Eine Auswahl jüngerer und allgemeinverständlicher Werke

I. Lexika

Taschenlexikon Religion und Theologie: Band I-V, hg. von Erwin Fahlbusch, Göttingen, [4]1983.

Ökumene-Lexikon: Kirchen – Religionen – Bewegungen, Frankfurt/ M. [2]1987, 1326 S.

Ökumenischer Katechismus. Kurze Einführung in Wesen, Werden und Wirken der Ökumene, Stuttgart, 7. Auflage 1977.

Taschenlexikon ÖKUMENE: hg. im Auftrag der ACK Deutschland von Harald Uhl, Frankfurt/M. und Paderborn 2003, 298 S.

Stichwörter zur Ökumene. Ein kleines Nachschlagewerk zu den Grundbegriffen der Ökumene, von *Wolfgang Thönissen,* Paderborn 2003, 105 S.

II. Konfessionskunde

Reinhard Frieling/ Erich Geldbach/ Reinhard Thöle: Konfessionskunde. Orientierung im Zeichen den Ökumene, Stuttgart 1999, 239 S.

Johann-Adam-Möhler-Institut (Hg.), Kleine Konfessionskunde, Paderborn 4. Aufl. 2005, 345 S.

Erwin Fahlbusch: Kirchenkunde der Gegenwart, Stuttgart 1979, 288 S.

Andreas Rössler: Positionen – Konfessionen – Denominationen. Eine kleine Kirchenkunde, Stuttgart 1988.

Martin Honecker/ Hans Waldenfels: Zu Gast beim anderen: Evangelisch-katholischer Fremdenführer, Paderborn 1997.

Dorothea Kühl-Martini: Beffchen, Weihrauch & Visionen. Was Katholiken und Protestanten voneinander lernen können, Stuttgart 2000, 178 S.

Kleines Handbuch für evangelisch-katholische Begegnungen, hg. vom Kirchenamt der EKD, Göttingen 2. Aufl. 1984, 126 S.

Was eint? Was trennt? Ökumenisches Basiswissen. Arbeitshilfe für die Gemeinde, hg. vom Konfessionskundlichen Institut Bensheimer Hefte 101, Göttingen 2. Aufl. 2002, 93 S.

Erich Geldbach: Freikirchen – Erbe, Gestalt und Wirkung, Bensheimer Hefte 70, Göttingen 2. Aufl. 2005, 356 S.

Alexander F. Gemeinhardt (Hg.): Die Pfingstbewegung als ökumenische Herausforderung, Bensheimer Hefte 103, Göttingen 2005, 176 S.

Handbuch der evangelistisch-missionarischen Werke, Einrichtungen und Gemeinden (Deutschland – Österreich – Schweiz): hg. von Reinhard Hempelmann (EZW), Stuttgart 1999, 416 S.

Reinhard Thöle (Hg.): Zugänge zur Orthodoxie, Bensheimer Hefte 68, Göttingen 3.Auflage 1998, 331 S.

Reinhard Thöle: Orthodoxe Kirchen in Deutschland, Bensheimer Hefte 85, Göttingen 1997, 112 S.

Reinhard Frieling: Konfessionswechsel heute, Bensheimer Hefte 52, Göttingen 1979, 76 S.

Informationen zum Konfessionswechsel. Ein Faltblatt, hg. vom Konfessionskundlichen Institut in Bensheim, 4. Aufl. 1991.

III. Ökumenekunde

Reinhard Frieling: Der Weg des ökumenischen Gedankens. Eine Ökumenekunde, Göttingen 1992, 376 S.

Peter Neuner: Ökumenische Theologie: Die Suche nach der Einheit der christlichen Kirchen, Darmstadt 1997, 305 S.

Handbuch der Ökumenik Bd. 1-III/2, hg. im Auftrag des J.A.Möhler-Instituts von H. J. Urban und H. Wagner, Paderborn 1985-1987.

Ökumenisch handeln - mit halber Kraft? Thesen von Peter Lengsfeld und etliche Stellungnahmen, Freiburg 1971, 140S.

Heinrich Fries und Karl Rahner: Einigung der Kirchen – reale Möglichkeit, Freiburg 1983, 156 S.

Eilert Herms: Einheit der Christen in der Gemeinschaft der Kirchen. Die ökumenische Bewegung der römischen Kirche im Lichte der reformatorischen Theologie. Antwort auf den Rahner-Plan, Göttingen 1984, 201 S.

Ökumenische Studienhefte Bd. 1-14: hg. im Auftrag des Konfessionskundlichen Instituts Bensheim von Hans-Martin Barth und Reinhard Frieling, Reihe Bensheimer Hefte, Göttingen 1994-2007.
Jeweils: A. Konfessionelle Positionen
B. Die ökumenischen Dialoge
C. Bilanz und Perspektiven

1. Abendmahl: Eckard Lessing
2. Spiritualität: Hans-Martin Barth
3. Gerechtigkeit: Wolfgang Lienemann
4. Ökumenische Zielvorstellungen: Harding Meyer
5. Taufe: Erich Geldbach
6. Reich Gottes: Wolfram Weisse
7. Bekennen und Bekenntnis: Hans-Georg Link
8. Rechtfertigung: Ernstpeter Maurer
9. Wort Gottes und Tradition: Hubert Kirchner
10. Friede: Wolfgang Lienemann
11. Mission und interreligiöser Dialog: Christine Lienemann-Perrin
12. Schöpfung: Heinrich Bedford-Strohm
13. Amt: Reinhard Frieling
14. Kirche: Martin Friedrich

Reinhard Frieling: Im Glauben eins – in Kirchen getrennt? Visionen einer realistischen Ökumene, Bensheimer Hefte 106, Göttingen 2006, 309 S.

IV. Quellen und Katechismen

1. Römisch-katholische Kirche

Heinrich Denzinger – Peter Hünermann(Hg.): Kompendium der Glaubensbekenntnisse und kirchlichen Lehrentscheidungen (lateinisch – deutsch) 37. Aufl. Freiburg 1991, 1706 S.

Zweites Vatikanisches Konzil: Alle Konstitutionen, Dekrete und Erklärungen, Herder-Bücherei, Band 270-273.

Codex Iuris Canonici (1983): Codex des Kanonischen Rechts, Kevelaer 1994, 4. Auflage.

*Katechismus der Katholischen Kirche („Weltkatechismus"):*Vatikan (lat.) und München (deutsch) 1993, 816 S.

Holländischer Katechismus. Glaubensverkündigung für Erwachsene, Freiburg 1976, 9. Auflage.

Katholischer Erwachsenenkatechismus. Das Glaubensbekenntnis der Kirche, hg. von der Deutschen Bischofskonferenz, Bd. 1: Kevelaer (1985) 4. Aufl. 1989, 461 S.; Band 2: Leben aus dem Glauben, Kevelaer 1995, 507 S.

Gemeinsame Synode der Bistümer in der Bundesrepublik Deutschland: Beschlüsse der Vollversammlung. Offizielle Gesamtausgabe, Freiburg 1978, 4. Auflage.

Enzyklika „Ut unum sint" von Papst Johannes Paul II. über den Einsatz für die Ökumene, Verlautbarungen des Apost. Stuhls 121, Bonn 1995, 80 S.

Päpstlicher Rat zur Förderung der Einheit der Christen: Direktorium zur Ausführung der Prinzipien und Normen über den Ökumenismus, Verlautbarungen des Apostol. Stuhls 110, Bonn 1993, 119 S.

Die römisch-katholische Kirche. Hg. von Werner Löser, Reihe „Die Kirchen der Welt", Bd. 20, Frankfurt/M. 1986, 455 S.

2. Evangelische Kirchen

Bekenntnisse der Kirche. Bekenntnistexte aus zwanzig Jahrhunderten, hg. von Hans Steubing, Wuppertal 3. Aufl. 1985, 330S.

Die Bekenntnisschriften der Ev.-Luth. Kirche, Göttingen 1956, 1227 S.

Evangelischer Erwachsenenkatechismus. Kursbuch des Glaubens, hg. im Auftrag der Katechismuskommission der Vereinigten Evangelisch-Lutherischen Kirche Deutschlands, Gütersloh 5. Aufl. 1989,1447 S.
3. Auflage.

Evangelischer Gemeindekatechismus, hg. im Auftrag der Katechismuskommission der VELKD, Gütersloh, 1979.

Thomas Gerlach: Evangelischer Glaube. Basisinformationen und neue Zugänge, Bensheimer Hefte 98, Göttingen 2002, 288 S.

V. Ergebnisse ökumenischer Gespräche

Dokumente wachsender Übereinstimmung. Sämtliche Berichte und Konsenstexte interkonfessioneller Gespräche auf Weltebene, hg. von H. Meyer, H. J. Urban, L.Vischer und D. Papandreou, Frankfurt und Paderborn Bd. I 1983, Bd. II 1992, Bd. III 2004

„Lima-Erklärungen" des ÖRK zu „Taufe, Eucharistie und Amt", 1982, in: Dokumente wachsender Übereinstimmung Bd. I, 545-585

Projekt „Lehrverurteilungen":

Lehrverurteilungen – kirchentrennend? Rechtfertigung, Sakramente und Amt im Zeitalter der Reformation und heute, hg. im Auftrag des Ök. Arbeitskreises ev. und kath. Theologen von K. Lehmann und W. Pannenberg, Freiburg und Göttingen 1986, 199 S.

Lehrverurteilungen im Gespräch. Die ersten offiziellen Stellungnahmen aus den ev. Kirchen in Deutschland, Göttingen 1993, 199 S.

Stellungnahme der (kath.) Deutschen Bischofkonferenz zur Studie „Lehrverurteilungen – kirchentrennend?", Bonn 1994, 24 S.

Walter Schöpsdau/ Reinhard Frieling: Lehrverurteilungen – damals und heute. Eine evangelische Arbeitshilfe zum Ergebnis der Gemeinsamen Ökumenische Kommission, Bensheimer Hefte 67, Göttingen 1987, 54 S.

Projekt „Rechtfertigungslehre":

Die Gemeinsame Erklärung zur Rechtfertigungslehre. Eine Dokumentation offizieller Texte (zwischen der Römisch-Katholischen Kirche und dem Lutherischen Weltbund), hg. von Friedrich Hauschildt, Göttingen 2005

Projekt „Charta Oecumenica":

Charta Oecumenica. Leitlinien für die wachsende Zusammenarbeit der Kirchen in Europa, hg. von KEK und CCEE, Genf und St. Gallen 2001, 13 S.

Charta Oecumenica: Arbeitshilfe der ACK Deutschland mit Kommentaren zur Rezeption und zur Gestaltung ökumenischer Gespräche (mit Power Point DVD), Ökumenische Centrale, Ludolfstr. 2-4, 60487 Frankfurt/M. 2003, 72 S.

Projekt „Gemeinsame Texte":

Seit Mitte der 1970er Jahre gaben die EKD und die katholische Deutsche Bischofskonferenz viele gemeinsame Texte zu verschiedenen aktuellen kirchlichen und gesellschaftlichen Themen heraus, zumeist in kleinen weit verbreiteten Broschüren. Zu beziehen bei: EKD Hannover und DBK Bonn.

Projekt „Europäische Ökumenische Versammlungen"

Frieden in Gerechtigkeit für die ganze Schöpfung. Texte der Ersten Europäischen Ökumenischen Versammlung „Frieden in Gerechtigkeit", Basel 1989, und des Forums „Gerechtigkeit, Frieden und Bewahrung der Schöpfung" der ACK, Stuttgart 1988, EKD-Texte Nr. 27, Hannover 1989.

Versöhnung. Gabe Gottes und Quelle neuen Lebens. Dokumente der Zweiten Europäischen Ökumenischen Versammlung in Graz 1997, Graz 1998, 360 S

Dritte Europäische Ökumenische Versammlung. In Hermann-stadt/Sibiu (Rumänien) im Sommer 2007. Die Texte erscheinen im Frühjahr 2008.

VI. Ökumenische Spiritualität

1. Bibel und Gesangbuch

Die Bibel. Einheitsübersetzung Altes und Neues Testament. Katholische Bibelanstalt Stuttgart 1980 ff in verschiedenen Grössen

Die Bibel. Nach der Übersetzung Martin Luthers. Revidierte Fassung, Deutsche Bibelgesellschaft Stuttgart 1984 ff in verschiedenen Grössen

Kinderbibel. In verschiedenen Ausgaben und bei verschiedenen Verlagen

Gotteslob. Katholisches Gebet- und Gesangbuch, hg. von den Bischöfen Deutschlands und Österreichs und der Bistümer Bozen-Brixen und Lüttich, Freiburg 1975, 1117 S.

Evangelisches Gesangbuch. Stammausgabe der EKD, Stuttgart 1993.
Alle deutschsprachigen Landeskirchen haben eigene Ausgaben mit einem regionalen Sonderteil herausgegeben.

Sonntagszeitungen. Die katholischen Diözesen und die evangelischen Landeskirchen geben jeweils eigene wöchentliche Sonntagszeitungen heraus, die aktuell über das kirchliche Leben berichten.

2. Religionsbücher

Je nach Region gibt es katholische und evangelische Religionsbücher. Für den konfessionell-kooperativen Religionsunterricht gibt es ebenfalls regional vielfältig gemeinsame ökumenische Lehrer- und Schülerhefte.

3. Konfessionell gemischte Familien

Walter Schöpsdau: Konfessionsverschiedene Ehe. Ein Handbuch (Kommentar und Dokumente zu Seelsorge, Theologie und Recht der Kirchen einschliesslich der Gemeinsamen ev.-kath. Empfehlungen für die Seelsorge an konfessionsverschiedenen Familien), Bensheimer Hefte 61, Göttingen 3. Aufl.1995, 251 S.

Informationen über die konfessionsverschiedene Ehe. Ein Faltblatt, hg. vom Konfessionskundlichen Institut in Bensheim und vom Johann-Adam-Möhler-Institut in Paderborn, 4. Auflage 1989.

ANSCHRIFTENLISTE

I. Kirchen

EKD – Evangelische Kirche in Deutschland
www.ekd.de
info@ekd.de
Herrenhäuser Str. 12
30419 Hannover
0511 / 2796 – 0

Die Adressen der Gliedkirchen des EKD finden sich unter
http://www.ekd.de/kirche/kirchen.html

DBK – Deutsche Bischofskonferenz
http://www.dbk.de/
Kaiserstrasse 161
53113 Bonn
Telefon: 0228 / 103-0
sekretariat@dbk.de

Die Adressen der Erzbistümer und Bistümer finden sich unter
http://www.dbk.de/bistum/index.html

Publikationen von EKD und DBK

Publikationen der EKD finden sich unter
http://www.ekd.de/ekd_kirchen/44057.html

Verlautbarungen, Dokumente und Texte aus dem katholischen
Bereich finden sich unter
http://www.dbk.de/schriften/index.html

Gemeinsam herausgegebene Texte von EKD und DBK finden
sich unter
http://www.ekd.de/EKD-Texte/2064.html
http://www.dbk.de/schriften/gemeinsame_texte/index.html

Kirchliche Zusammenschlüsse

ACK –
Arbeitsgemeinschaft Christlicher Kirchen in Deutschland
http://www.oekumene-ack.de/

Ökumenische Centrale, die Geschäftsstelle der ACK in Frankfurt findet sich unter
http://www.oekumene-ack.de/Oekumenische-
Centrale.70.0.html
Ökumenische Centrale
Ludolfusstraße 2-4
60487 Frankfurt am Main
069 / 247027 – 0
info@ack-oec.de

Ein guter Überblick sowie die Adressen der Mitgliedskirchen
der ACK finden sich unter
http://www.oekumene-ack.de/Mitgliedskirchen.42.0.html#5

KEK – Konferenz Europäischer Kirchen

Geneva (Generalsekretariat)
PO Box 2100
150, route de Ferney
CH-1211 Geneva 2
Tel. +41 22 791 61 11
Fax +41 22 791 62 27
E-mail: cec@cec-kek.org

Brussels
Ecumenical Centre
Rue Joseph II, 174,
BE-1000 Brussels
Tel. +32 2 230 17 32
Fax +32 2 231 14 13
E-mail: csc@cec-kek.be

Strasbourg
8, rue du Fossé des Treize
FR-67000 Strasbourg
Tel. +33 3 88 15 27 60
Fax +33 3 88 15 27 61
E-mail: csc@cec-kek.fr

ÖRK – Ökumenischer Rat der Kirchen
http://www.oikoumene.org/de/
World Council of Churches
150 route de Ferney
P.O. Box 2100
1211 Geneva 2
Schweiz

III. Ökumenische Institute

Konfessionskundliches Institut des Evangelischen Bundes
Arbeitswerk der EKD
http://www.ekd.de/ki/
Ernst-Ludwig-Straße 7
64602 Bensheim
06251/ 8433-0
info@ki-eb.de

Johann-Adam-Möhler-Institut für Ökumenik
http://www.moehlerinstitut.de/
Leostraße 19a
33098 Paderborn
05251 / 8729-800
jam@moehlerinstitut.de

Institut für Ökumenische Forschung des Lutherischen Weltbundes
http://www.ecumenical-institute.org/
8, rue Gustave Klotz
67000 Strasbourg
Frankreich
+33 (0)3 88 15 25 75
StrasEcum@ecumenical-institute.org

Ökumenisches Institut der Abtei Niederaltaich
http://www.abtei-niederaltaich.de/
Benediktinerabtei
Mauritiushof 1
94557 Niederalteich
09901 / 208 – 0
oekumen.institut@abtei-niederaltaich.de

IV. Weitere Links
www.oekumene-ideenboerse.de

MATERIALDIENST
des Konfessionskundlichen Instituts Bensheim

Informationen
über Katholizismus, Orthodoxie, Protestantismus und die ökumenische Situation

Ein Redaktionsteam von fünf Wissenschaftlern informiert aktuell über Vorgänge und Tendenzen im Katholizismus, Anglikanismus, in der Orthodoxie und im Protestantismus und prüft Zusammenhänge und Hintergründe von Tagesereignissen auf theologischen und ökumenischen Gehalt.

Der MD erscheint zweimonatlich, 20 Seiten, Unkostenbeitrag im Jahr: 18,– Euro zuzüglich Versandkosten.
Für Studentinnen und Studenten: 9,– Euro zuzüglich Versandkosten.

Ansichtsexemplare anfordern:

**Konfessionskundliches Institut
des Evangelischen Bundes
Postfach 12 55
64602 Bensheim
e-mail: info@ki-eb.de
Internet: http://www.ekd.de/ki
Tel. 0 62 51 / 84 33-25 · Fax 84 33-28**

BENSHEIMER HEFTE

Heft 61: Walter Schöpsdau
Konfessionsverschiedene Ehe
Ein Handbuch
3. Auflage, 1995, 251 Seiten, Euro 16,90

Heft 68: Reinhard Thöle (Hg.)
Zugänge zur Orthodoxie
mit 41 Abbildungen; 3., neubearbeitete Auflage
1998, 331 Seiten, Euro 18,90

Heft 70: Erich Geldbach
Freikirchen – Erbe, Gestalt und Wirkung
2., völlig neu bearbeitete Auflage
2005, 356 Seiten, Euro 19,90

Heft 97: Walter Fleischmann-Bisten (Hg.)
Papstamt – pro und contra
Geschichtliche Entwicklungen und
ökumenische Perspektiven
2001, 288 Seiten, Euro 18,90

Heft 99: Reinhard Frieling
Amt
Ökumenische Studienhefte 13
2002, 256 Seiten, Euro 15,90

Heft 101: Konfessionskundliches Institut (Hg.)
Was eint? Was trennt?
Ökumenisches Basiswissen
2. Auflage, 2003, 93 Seiten, Euro 9,90

Heft 103: Alexander F. Gemeinhardt (Hg.)
*Die Pfingstbewegung als ökumenische
Herausforderung*
2005, 176 Seiten, Euro 14,90

Heft 105: Holger Bogs/Walter Fleischmann-Bisten (Hg.)
Erziehung zum Dialog
Weg und Wirkung Wolfgang Suckers
2006, 232 Seiten, Euro 19,90

Heft 106: Reinhard Frieling
Im Glauben eins – in Kirchen Getrennt?
Visionen einer realistischen Ökumene
2006, 312 Seiten, Euro 29,90

(Preisstand: Mai 2007)